国际投资协定中的税收措施适用问题研究

GUOJI TOUZI XIEDING ZHONG DE
SHUISHOU CUOSHI SHIYONG WENTI YANJIU

廖 莉 著

西安交通大学出版社
XI'AN JIAOTONG UNIVERSITY PRESS

图书在版编目(CIP)数据

国际投资协定中的税收措施适用问题研究 / 廖莉著
. -- 西安 ：西安交通大学出版社，2023.12
ISBN 978-7-5693-2038-1

Ⅰ. ①国… Ⅱ. ①廖… Ⅲ. ①国际税收一研究
Ⅳ. ①F810.42

中国国家版本馆 CIP 数据核字(2023)第 230891 号

书　　名　国际投资协定中的税收措施适用问题研究
著　　者　廖　莉
策划编辑　雒海宁
责任编辑　雒海宁
责任校对　袁　娟
封面设计　任加盟

出版发行　西安交通大学出版社
（西安市兴庆南路 1 号　邮政编码 710048）
网　　址　http://www.xjtupress.com
电　　话　(029)82668357　82667874(市场营销中心)
(029)82668315(总编办)
传　　真　(029)82668280
印　　刷　陕西思维印务有限公司

开　　本　720 mm×1000 mm　1/16　**印张** 7.5　**字数** 122 千字
版次印次　2023 年 12 月第 1 版　2024 年 5 月第 1 次印刷
书　　号　ISBN 978-7-5693-2038-1
定　　价　49.00 元

如发现印装质量问题，请与本社市场营销中心联系。
订购热线：(029)82665248　(029)82667874
投稿热线：(029)82664840
读者信箱：363342078@qq.com

目　录

导　言

一、问题的提出

现阶段处于国际投资规则重构之际，“国际税收和投资政策协调一致”是国际投资协定改革的重要议题，在可持续发展目标下要实现国际投资政策与国际税收相协调就需要处理两个问题：一是国际投资协定中的税收措施监管功能如何实现；二是国际投资协定的实体义务和争端解决机制如何同国际税收协定相协调。就第一个问题而言，一方面，国际投资协定下税收措施实现监管功能需要保留东道国税收措施在国际直接投资中的适用，而国际投资协定恰恰是规范东道国国家行为（包含税收措施）的国际条约，要求东道国税收措施必须符合国际投资协定的相关投资待遇标准。东道国税收措施监管功能的实现意味着东道国希望国际投资协定的条约义务尽量给东道国提供税收措施适用的灵活空间。另一方面，在国际直接投资过程中，投资者关注东道国税收的稳定性、税负高低、税收待遇等问题，要求东道国税收措施为投资者提供高标准的投资保护。因此，笔者通过对国际投资协定中的税收措施适用展开研究，寻求国际投资协定中税收措施法律适用的合理空间。就第二个问题而言，国际投资协定与国际税收协定存在税收间的互动，双边投资保护协定（BIT）和避免双重征税协定（DTA）构成国际条约双边协定的主体，厘清国际投资协定与国际税收协定中有关税收待遇和争端解决机制的关系，有助于避免条约间冲突和实现条约间的最大协同。

本书以国际投资协定中的税收措施适用问题为研究对象，从税收措施适用的模式和税收措施适用的法律两个方面展开论述。主权国家国际投资协定中的税收措施适用模式是以税收措施适用内容的法律风险为基础，结合主权国家的国家利益而做出安排的。从国际直接投资与税收的内生关联性出发，本书论证了税收措施是国际投资协定的调整对象，得出了理论上国际投资协定应包含对税收措施的法律适用；并结合国际投资协定对税收措施适用的实践考察，得出实践中绝大多数国际投资协定仅仅对税收措施进行有限适用。因此，本书需要研究以下几个问题。①国际投资协定中的税收如何认定，即需要研究国际投资协定中的税收内涵和税种范围，这一问题是研究国际投资协定的实体义务和争端解决机制如何同国际税收协定相协调的基础。②国际投资协定中的实体待遇和保护、争端解决机制如何适用于税收措施，即需要研究实体待遇和保护、争端解决机制对税收措施适用的法律风险、实践中税收措施违反公平公正待遇（简称 FET）的认定、税收措施构成间接征收的认定等问题，这些问题是国际投资协定适用税收措施模式的基础，也是完善中国 BIT 税收措施适用的基础。截至 2019 年 11 月，中国对外缔结 BIT 145 个，已废除 15 个，未生效 20 个，现行有效 110 个。中国成为继德国之后的 BIT 缔结大国。我国 BIT 对税收措施的适用应当如何完善和修改，是值得我们思考的一个问题。

二、研究价值及意义

在理论意义方面，从世界上第一个双边投资协定即 1958 年德国与巴基斯坦 BIT 签订至今，国际投资协定的发展大约经历了四个阶段：1950—1964 年初始阶段、1965—1989 年分化阶段、1990—2007 年扩张阶段、2008 年至今重新定位阶段。中加 BIT 签署、中美 BIT 谈判和中欧 BIT 谈判标志着中国已经开启了第四代 BIT 的升级。2014 年之后，中国国际投资地位由传统的“资本输入国”向“资本输出国”和“资本输入国”双重身份地位转变。在中国 BIT 与国际投资规则接轨的过程中，中国 BIT 税收措施的适用存在哪些问题，应当如何完善，是亟待研究的理论问题。目前，学界对 BIT 例外规则的研究还停留在一般例外、公共利益等方面，鲜有学者对国际投资协定中的税收措施适用进行专门研究。本书以历年世界投资报告、国际投资体制改革行动指南为参考，分析国际投资协定中税收的内涵和种类，以及国际投资协定中条约义务对税收措施的具体适用等理论问题。

在实践意义方面，2015 年的统计数据显示，在国际投资仲裁实践中最常引起仲裁的国家行为中，与税收有关的措施占比为 11%；在 2017 年投资者最常挑战的国家行为中，与税收有关的措施至少有 4 起[①]。这表明投资者将投资者与东道国之间因东道国税收措施产生的投资争议（以下简称涉税争议）提交国际投资仲裁具有可行性。我国“一带一路”倡议实施以来，中国企业“走出去”战略带动了中国海外投资。随着中国国际投资地位的改变，中国兼具“资本输出国”和“资本输入国”的双重身份地位对中国 BIT 提出了新的要求。在世界投资规则重新制定时，中国需要重新审视本国 BIT 对税收措施的适用。一方面，中国投资者向外国政府提起的国际投资仲裁案（2010 年黑龙江国际经济技术合作公司诉蒙古政府仲裁案）败诉，这表明国际仲裁庭对我国第二代 BIT 争议范围持狭义解释态度，国际投资仲裁庭缩小了对中国第二代 BIT 争议范围的管辖权。当中国海外投资企业利益受到东道国税收措施影响时，应当如何通过国际投资仲裁进行法律救济？中国投资实践迫切需要中国第二代 BIT 适用税收措施进行法律完善。另一方面，美国和加拿大凭借其作为北美自由贸易协定投资仲裁中被申诉方的丰富经验，2004 年就开始着手新的 BIT 范本升级，并对国际投资协定中的税收措施法律适用也进行了适当修正和完善。我国作为资本输入国，如何保留东道国税收措施在国际投资中的法律适用，也就是应如何免除国际投资协定中的相关实体义务对税收措施的适用；我国作为资本输出国，如何为海外投资企业开拓涉税争议的国际仲裁救济途径。这些问题都是我国国际投资实践需要解决的问题。因此，结合国际投资仲裁实践，本书主要分析国际投资协定的实体待遇义务和争端解决机制对税收措施的法律适用，提出了对中国 BIT 税收措施法律适用的修改和完善建议，弥补了我国 BIT 税收措施法律适用的缺陷与不足。

三、文献综述

（一）国外研究文献综述

关于国际投资协定中的税收措施适用问题研究，虽然国外文献总体相对丰富，但有关国际投资协定中的税收措施适用问题的论述依然较为分散。国外有关该主

① 联合国贸易和发展组织. 世界投资报告 2018：投资及新产业政策[M]. 冼国明，葛顺奇，译. 天津：南开大学出版社，2018：109.

题的文献主要包括以下四类：一是国际法学者或国际仲裁员的个人著作；二是在学术期刊或者报纸公开发表的主题论文；三是联合国贸易和发展会议（UNCTAD）、经济合作与发展组织（OECD）、世界贸易组织（WTO）等国际组织或非政府组织编纂整理的会议概要与研究报告；四是相关学术会议的发言报告文集。这些国外资料对研究本主题都具有重要的参考价值。笔者仅选取若干重要文献在下文予以综述。

关于国际投资协定中的税收措施适用模式有以下观点。①美国著名的国际投资法学者范德威尔德教授在其经典著作《美国国际投资协定》第六章特定待遇条款第十一节税收条款中，论述了历代美国BIT范本总体排除税收措施适用的实践，认为历代美国BIT范本均重视BIT征收条款对税收措施的适用。②2015年7月2日至4日，在奥地利举行了以"双边投资条约对税收的影响"为主题的学术会议，迈克尔·朗主编了会议论文集《双边投资条约对税收的影响》。该论文集汇集了21份国家报告，阐述了国家双边投资条约对税收措施适用的基本模式、双重税收条约与双边投资条约之间的关系，分析了现有政策与双边投资条约所承担的国际义务的一致性。③朱利安·蔡斯教授在《国际税收争议解决中的投资者-国家仲裁比专门的税收争议解决更有吸引力吗？》一文中，通过汇总部分涉税争议仲裁裁决，归纳了国际投资协定待遇排除税收措施适用的条款类型。④阿巴·科洛·托马斯·瓦尔德教授在其所写的《投资者-国家争端：基于条约的国际投资保护与财政主权之间的对接》一文中指出，现代国际投资协定中某些有关税收事项的处理条文存在弊端，因为利用这些条文处理税收事项可能危及国家主权，应予以某种程度的排除。

在国际投资协定中税收措施适用的法律分析方面有以下观点。①埃德温·范德布鲁根在其论文《涉税国际投资仲裁——基于国际判例法的若干思考》中论述了国际投资协定中的税收措施构成间接征收的客观认定标准，认为东道国税收措施对投资者投资利益减损量达到一定程度才能够构成间接征收，这是认定征收的决定性因素，但是对于这个量的认定方法没有涉及。②马修·戴维斯在《以税收为基础的投资条约索赔》一文中分析了国际投资协定中确立涉税争议仲裁管辖权的依据，认为投资者可以基于国际投资协定的公平公正待遇、国民待遇、最惠国待遇等条款向国际投资仲裁庭提出索赔请求，但是对于国际投资仲裁庭如何认定税收措施违反了东道国条约义务却没有涉及。③克里斯托弗·朔伊尔在《仲裁实践中的公平公正待遇》一文中提及了仲裁实践中公平公正待遇的稳定性原则，要求东道国税收措施具有稳定性。他认为公平公正待遇的内涵要素本身包含着稳定性原则。④德国著名税收仲裁员吉尔德迈斯特著有《国际投资法中的税收争议仲裁》一书，该书对国际投资法中的税收争端仲裁进行了专题论述。该书对税收争端仲裁的管辖权、国际投资协定中税收争端的征收仲裁进行了论述，并以投资协议中的税收争端与投资协定中的税收争端为主线，论证了如何规避投资者将投资协议中的税收措施合同争端上升到税收措施的条约争端；同时他在《伯灵顿资源公司诉厄瓜多尔共和国案例评析：税收何时等同于征收？》一文中首次提出了税收构成间接征收的考量标准，但仅针对暴利税案件提出税率的高低并不能量化出被征收财产的无效性。⑤迈拉·德·梅洛·维埃拉在《双边投资条约中的税收问题——以争端解决为视角》一文中，从仲裁争端解决方式的角度论述了国际投资协定中的涉税争议管辖权，认为投资者-东道国国际仲裁机制适用于税收措施将威胁国家主权。⑥斯特凡诺·卡斯塔尼亚在《ICSID 仲裁：双边投资条约中的税收例外概述》一文中，从国际投资争端解决中心（ICSID）管辖权的角度概述了国际投资协定下的涉税争议管辖权的构成要件。⑦阿尔瓦雷斯、帕克教授在《国际投资仲裁面临的新挑战：以 NAFTA 第 11 章为视角》一文中论述了北美自由贸易协定（NAFTA）的争端解决机制对涉税争议的适用，提出北美自由贸易协定建立了一种分类处理法即“税收仲裁否决”，这种分类处理法区分了正常和非正常的税收（即合法和不合法征税）。国际仲裁仅能解决不合法的税收引起的赔偿。⑧珍妮弗·伯德波伦教授在《税收主权——论双边投资条约对税收主权的威胁》一文中分析了 BIT 争端解决机制威胁国家主权的原因。⑨美国著名学者帕克教授在《国际商事争议仲裁的理论与实践研究》一书中论述了国际投资仲裁解决方式对涉税争议的适用范围，阐明了投资者只有在东道国滥用税收政策并影响其利益的情况下，才可以利用国际仲裁机制解决投资者与东道国的争端，建议适用税收否决机制阻止涉税争议仲裁。⑩费尔南多·迪亚斯·西蒙斯在《丹麦沙拉纳公司和卢森堡建筑投资公司诉西班牙政府案例评析：法律期待与可再生资源投资》一文中提到了投资者对一般法律政策稳定性的期待，但是并没有提到这种期待的实质来源。除此之外，33 起涉税争议的国际仲裁裁决提供了有关仲裁庭认定税收内涵和种类的研究资料。

(二)国内研究文献综述

我国学者专门针对国际投资协定中税收措施的研究很少,散见于几篇学术论文之中。

在国际投资协定中税收措施适用的模式方面有以下论述。①李庆灵在《国际投资协定框架下的税收问题研究》一文中指出,国际投资协定需要引入专门的"税收条款",将可仲裁的税收事项限定于一定范围,以平衡东道国与外国投资者之间的利益。②刘素霞在《中美双边投资协定税收条款比较及中国的策应》一文中,主要分析了美国 BIT 范本对税收措施的处理演进模式,提出了中国 BIT 应当通过专门的税收条款对税收措施进行排除适用。

在国际投资协定中税收措施适用的法律分析方面有以下论述。①厦门大学蔡从燕教授在《国际投资条约实践中的税收措施问题》一文中,从征收"暴利税"所引起的投资争议角度出发,研究了国际投资条约中的税收措施与征收问题,通过比较分析,蔡教授认为厄瓜多尔开征的"暴利税"构成国际投资条约中间接征收的概率较低、可能性较小。②中国政法大学兰兰、俞炜、叶露在题为《国际投资涉税措施构成间接征收之实证分析》一文中,通过对国际投资争端解决中心(ICSID)部分涉税争议案例的分析,研究了国际投资仲裁庭判定东道国税收措施是否涉及构成间接征收的具体考量因素,但未提及用何种方法认定具体的考量因素。③黄丽萍在《国际投资仲裁中税收例外条款的适用——基于 ECT 近期案件》一文中,指出涉及《能源条约宪章》(ECT)的国际投资仲裁实践对税收措施采取两步分析法认定税收措施是否构成间接征收:首先满足国内法上的税收基本要件;其次须符合国际法善意原则。④钱嘉宁和黄世席在《国际投资法下投资者的合理期待与政治风险之抗辩》一文中提出,投资者对东道国法律政策稳定性的期待与东道国规制权之间存在矛盾。因此,需要厘清投资者合理期待的范围并考虑政治风险纳入例外条款的可能性,以此保护投资者的利益,并为东道国实施法律政策保留必要空间。

在中国 BIT 税收措施适用的完善建议方面有以下论述。①单文华等人在《和谐世界理念和中国 BIT 范本建设——一个"和谐 BIT 范本"建议案》一文中,主张中国以一个负责任大国的立场构建中国新型 BIT 范本,对中国新型 BIT 范本中的税收措施例外条款提出简要的建设性意见。②曾华群教授在《共同发展:中国与

"一带一路"国家间投资条约实践的创新》一文中，建议中国与"一带一路"国家之间的 BIT 实践以"共同发展"作为创新目标。中国可以在世界的"国际话语体系"内，有条件地将"共同发展"条款引入中国 BIT。③清华大学战涛在《国际投资税收争议可仲裁性问题研究》一文中，提出国际投资立法的理论和仲裁实践中出现了涉税争议仲裁化趋势，建议结合我国兼具"资本输入国"和"资本输出国"的国际投资地位身份，在我国对外缔结的 BIT 中引入税收仲裁机制。税收仲裁机制对涉税争议的适用有利于投资者的私人利益与国家的公共利益，特别是主权国家税收主权利益之间的平衡。该税收仲裁机制的具体引入模式，即双边税收协定中适当引入强制性仲裁机制，通过强制性仲裁机制确立涉税争议的可仲裁性。

上述国内和国外文献虽对国际投资协定中税收措施适用的模式或国际投资协定中税收措施适用的法律分析均有涉及，但仅从某个国家或者某个具体的法律适用方面研究国际投资协定中的税收措施适用，特别缺乏公平公正待遇对税收措施适用的法律研究以及国民待遇与国际税收协定非歧视待遇关系的法律研究。笔者将以上述资料为研究基础并结合相关缔约实践，对国际投资协定中的税收措施适用问题展开系统性研究。

四、主要研究方法

本书主要运用了法解释学方法、比较研究方法、归纳法、文献研究方法、实证分析方法等展开论述。

(一)法解释学方法

论证税收内涵和税种范围时，本书结合《维也纳条约法公约》，以法解释学方法对国际投资协定中相关术语进行分析与研究，采用了文义解释方法和论理解释方法。

(二)比较研究方法

涉及世界各主要国家 BIT、区域协定投资章节对税收措施适用模式的比较研究以及各主权国家 BIT 条约义务适用税收措施的实践与学理解释，本书通过对比不同适用路径、不同实践，更全面地认识国际投资协定中税收措施适用模式。

(三)归纳法

本书通过对世界主要国家 BIT 适用税收措施的现状进行梳理,归纳总结国际投资协定中税收措施排除模式的类型。

(四)文献研究方法

本书注重理论分析与阐释,整合提炼大量原始资料,总结现有研究成果,科学解释国际投资协定中税收措施的税收内涵和种类,为正确认定"税收措施"提供了科学的依据和标准。

(五)实证分析方法

本书涉及大量的实践问题以及 ICSID 的争端解决案例,以实证分析方法进行研究;注重对实然范畴的考察,特别是对国际投资仲裁裁决的分析;通过对中国 BIT、DTA 数据进行相关性分析,研究中国 BIT 争议解决范围和实体待遇条款对税收措施的适用情况,提出中国 BIT 对税收措施适用度较高,且与世界主要资本输出国 BIT 对待税收措施的适用模式不相吻合。

第一章 国际投资协定税收措施中的税收概念和税收范围

国际投资协定中的税收措施是本书的研究对象。国际投资协定中一般采用"tax matters""the matters of taxation""taxation measure"等表述税收措施。鉴于税收的复杂性和敏感性，国际投资协定条文几乎不会对税收措施进行统一定义，仅有少量协定的条文对"措施"一词进行解释和定义①。税收措施中的"措施"一词从词义理解来看，是指解决某个问题所采用的方法。它着眼于某个确切目标下的某种法令或规定、某个步骤或某个行动过程，"措施"一词也经常在各领域被广泛使用。税收措施中的"税收"是"税收措施"的核心词汇，在国际投资仲裁实践中经常成为争议焦点。

本章以国际投资仲裁实践为视角，论证以下两个问题。一是税收措施中的税收概念。国际投资仲裁实践中税收措施认定的核心要素是"税收"，国际投资仲裁实践对税收认定具有相应的内涵标准。二是税收措施中的税收范围。厘清国际投资协定中税收的概念和范围是认识国际投资协定中税收措施的前提，也是正确处理国际投资协定与其他涉税国际条约冲突的关键。

第一节 税收措施中的税收概念

东道国在国际直接投资活动中采用的税收措施必须包含税收。在加拿大能源公司诉厄瓜多尔共和国仲裁案中，仲裁庭在解释税收措施含义时指出："税收措施必须包含有法律所规定的税收。"本节以国际投资仲裁实践为基础，主要围绕美国西方石油公司及其下属的西方开发公司(以下简称 OEPC)诉厄

---

①加拿大 BIT 范本规定。

瓜多尔共和国仲裁案(2004年增值税案)、加拿大恩卡纳能源公司(以下简称EnCana)诉厄瓜多尔共和国仲裁案、美国杜克能源公司诉厄瓜多尔共和国仲裁案、OEPC诉厄瓜多尔共和国仲裁案(2008年终止令案)、美国伯灵顿资源公司诉厄瓜多尔共和国仲裁案等仲裁裁决展开研究,总结国际投资协定中的税收概念。

一、税收的学理概念

西方古谚云:"世界上只有两件事情无法避免,那就是税收和死亡。"税收一直是不同学科热衷的研究对象。总体来看,人们对税收的研究主要从两个角度展开,即经济学中的税收和法学中的税收。无论是经济学研究,还是法学研究,都需要对"税收"这一基本概念进行界定。"税收"一词虽耳熟能详,但其概念却很难解释[①]。

税收,作为社会生活中的经济活动必然受制于不同社会阶段的经济规律,这是经济学研究税收所关注的问题。税收需凭借国家强制力才能实现无偿占有和分配。不同的社会阶段,国家强制力的表现形式有所不同。当国家强制力体现为法律时,税收则通过法律的形式获取国家强制力,此时税收与法律便产生了密切的联系[②],税收则成为法学的研究对象。法学学科对税收概念的研究可以分为财税法领域的税收研究和宪法学领域的税收研究。

税收在经济学和法学中有不同的概念,也有不同的研究视角。正确使用税收概念是正确认识税收的基础[③]。搞清经济学视阈和法学视阈下的税收概念,为正确认识国际投资协定中的税收概念提供了理论基础。

(一)经济学意义上的税收概念

税收一词由来已久。随着人类社会经济的发展,剩余产品的出现产生了私有财产,私有财产的出现产生了阶级和国家。国家为了维护公共权力需要公共财政资金。经济学对税收的研究以税收具有公共财政目的为主线,强调税收资金的流动以及税收对经济活动的影响。

---

①瑟仁伊.比较税法[M].丁一,译.北京:北京大学出版社,2006:45.

②樊丽明,张斌.税收法治研究[M].北京:经济科学出版社,2004:5.

③马国强.树立正确税收观念 准确使用税收概念:为庆祝《中国税务》杂志创刊30周年而作[J].中国税务,2014(10):69-72.

按照经济学的公共产品理论，税收是以国家为主体的资源配置活动。税收的资源配置可以实现资源由私人部门向公共部门流动。税收被认为是私人享受公共产品所付出的对价①。税收的目的是满足政府经费支出或社会公共产品支出的需要，因此它必须具有强制性、无偿性和固定性，纳税人不能要求从这种给付中获得对价。从经济学的角度来看，任何由政府向个人或者公司强制征收给付都可以被看成是一种税收②。

经济学学科对税收问题的研究较法学学科而言更为悠久，成果更为丰富③，这使得经济学意义上的税收概念在其他学科的税收概念研究中起到基础性的作用。法学学科的税收概念对经济学学科的税收概念进行了合理的吸纳④。一些权威的辞书和主权国家的国内立法对税收的定义也采纳了经济学意义上的税收概念。例如，著名的《新大英百科全书》中写道："在现代经济中，税收是国家财政收入最重要的来源。税收是具有强制性和固定性的征收。它通常被认为是对政府财政收入的捐献，用以满足政府开支的需要，而并不表明是为了某一特定的目的。税收是无偿的，它不是通过交换来取得的。这一点与政府的其他收入大不相同，如出售公共财产或发行公债等。税收总是为了全体纳税人的福利而被征收，每一个纳税人在不受任何利益支配的情况下承担了纳税义务。"《税法》一书中写道："税收是从个人财产转化而来的强制性比例贡献，是国家为了支持政府和所有公共支出从而依靠国家强制力征收的比例贡献。"《中国税务大词典》一书中写道："税收是主权国家为了实现其职能，凭借政治权力通过参与国民收入分配和再分配而获得财政收入的有效形式。"⑤

(二)财税法意义上的税收概念

法学学科的研究以法律关系为主线，围绕法律关系主体之间的权利和义务的关系展开。现代国家认为，税收作为一种以国家为主体的资源配置方式，它是公民赋予的权力。财税法对税收的研究立足于纳税人基本权利的实现，从权利来源的

①王鸿貌，王任之．税收概念的法理探析[J]．税收经济研究，2016(2)：37－43.
②瑟仁伊．比较税法[M]．丁一，译．北京：北京大学出版社，2006：45.
③叶姗．论"税"概念的渊源及其于法学语境下的建构[J]．法学家，2008(2)：84－91.
④刘剑文，熊伟．税法基础理论[M]．北京：北京大学出版社，2004：10.
⑤范立新．中国税务大词典[M]．北京：中国税务出版社，2011：3.

角度制衡国家征税权和纳税人的基本权利。学者们从主体、客体、权利义务等方面对税收概念进行法律意义上的定义。国内税法学者从不同角度分析了法学学科视野下的税收定义及其法律特征。王鸿貌、王任之在《税收概念的法理探析》一文中提出,法学视角下的“税收”概念应该从内涵和外延两个角度去认识。税收法律的内在规定属于税收的内涵,政府依照法律规定无偿征收的款项或公民依照法律规定无偿缴纳的款项皆为税收,这是税收与其他政府收入的主要区别;税收概念的外延,实际上就是指税收概念所指称的对象,是税收概念所反映出来的税种。因此,政府那些征收项目或公民缴纳的款项可以被称为税或税收[①]。熊伟教授认为一般法律视野下的税收可以概括为“税收是国家或其他公法团体,为财政收入或其他附带目的,对满足法定构成要件的人,强制予以的无对价金钱给付义务”。这一视野下的税收应当同时具备以下法律特征:税收的权利主体是国家或地方公法团体;税收的义务主体包括自然人和社会组织;税收以满足法定构成要件为前提,以财政收入为主要目的或附随目的;税收是一种公法上的金钱给付义务;税收是一种无对价的给付,税收是一种强制性的给付[②]。

(三)宪法学意义上的税收概念

税收是公民私人财产向国家公共财产的转化。在这种转化过程中,纳税人不是与生俱来的义务人,征税权不是国家天然的权力。“主权国家的征税权来源揭示了国家与公民的关系,同时也凸显了国家性质。”[③]西方近代“税收”的合法性危机引起了这样的思考:政府筹集公共财政资金的权力来源于谁?这种权力如何被赋予与被限制?政府筹集的公共财政资金如何使用?现代法治意义上的税收已经不仅仅是一项经济活动,全球范围内的税收法定原则要求税收法律化、宪法化。国家税收的目的不应仅限于经济学意义上的国家物质保障和监管功能,还应实现对公民基本权利的保障,这种保障应当通过符合宪法的法律实现。保障公民的基本权利是宪法的根本任务,税收需要从宪法层面进行界定,税收必须符合宪法规定。宪法可以保障国家征税权的合法性,可以避免立法者滥用立法权而赋予特定主体征

①王鸿貌,王任之.税收概念的法理探析[J].税收经济研究,2016(2):37-43.

②熊伟.税收的法律特征及其宪法界限[J].武汉理工大学学报(社会科学版),2004(10):33-36.

③HETTICH W, STANLEY L W. Democratic choice and taxation: a theoretical and empirical analysis[M]. 1st ed. Cambridge: Cambridge University Press,1999:65.

税权。合乎宪法的税收才能保障公民的基本权利，现代民主的发展对税收的宪法保障提出了深层次的要求。

宪法属于主权国家法律范围，但其法律效力的位阶有着特殊性。宪法上的税收概念是否应当与财税法这类一般法律的税收概念相一致？这一问题引起了学界的讨论，形成了"同一说"和"非同一说"两种观点。"同一说"主张宪法上的税收概念与一般法律上的税收概念相同，德国学界的迪特尔、哈穆特·哈恩等学者持有这一观点；"非同一说"主张宪法上的税收概念与一般法律上的税收概念不同，宪法上的税收概念应当从宪法自身进行研究，一般法律上的税收概念只能成为宪法税收概念的补充，日本学者北野弘久、我国台湾地区学者葛克昌、黄俊杰和大陆学者刘剑文等赞同该观点。葛克昌教授认为："法律上的税收概念只能成为宪法上有关概念的辅助。因为，在方法论上，宪法系法律之最终审查标准，税收概念只有由宪法解释，从宪法整体秩序中寻求。"[①]刘剑文教授、熊伟教授对宪法上的税收概念进行阐释时指出，宪法上的税收除了具有一般法律税的形式特征——税收是面向不特定公众强制征收的无对价金钱给付，还应当具有两个特征，即"税收是遵从宪法最低约束的给付"以及"税收是用于合宪开支的给付"[②]。现代法治意义上的税收应当以"公民主权"为基础，"着眼于税收主体之间权利义务关系的定位，从宪法学国家权力来源的角度设计纳税人基本权利的实现过程，以体现法律对征税权的制衡和对纳税人基本权利的保护"[③]。"税收的概念是指作为法律权利和义务主体的纳税人（公民），以自己履行纳税义务作为其拥有宪法各项基本权利的前提，并依照符合宪法规定的税法所承担的物质性给付义务。"[④]

二、国际投资仲裁实践中的税收概念

各国间税收概念的差异导致国际投资协定通过条文明确定义税收概念较为困难。国际投资仲裁庭永远怀有"明知山有虎，偏向虎山行"的雄心壮志，试图在国际投资仲裁实践中解释税收概念。从 OEPC 诉厄瓜多尔共和国仲裁案（2004 年增值

---

①葛克昌. 国家学与国家法：社会国、租税国与法治国理念[M]. 上海：复旦大学出版社，1996：115.

②刘剑文，熊伟. 税法基础理论[M]. 北京：北京大学出版社，2004：14.

③刘剑文. 税法专题研究[M]. 北京：北京大学出版社，2002：5.

④陈刚. 税的法律思考与纳税者基本权的保障[J]. 现代法学，1995(5)：14－16.

税案)到伯灵顿诉厄瓜多尔共和国仲裁案,国际投资仲裁庭对税收概念的认定考虑了以下几个要素:第一,国家是课税的主体;第二,税收合法性;第三,特定主体的强制性义务;第四,具有公共目的。

本书通过对国际投资仲裁裁决中有关税收概念的认定标准展开研究,认为国际仲裁庭对税收措施中的税收认定形成了较为具体的标准,这一标准采用了我国法学视阈下的一般法律税收概念。

(一)国家是课税的主体

理论界一般认为税收与主权国家紧密相连,国家是税收的课税主体。国家作为课税主体已为学术界普遍接受,无可争议。但是,国家是否是课税的唯一主体?历史上存在过某些地方的公法团体和宗教公法团体依法课税的事实[①]。这说明理论上,税收的课税主体不应仅限于国家或者政府。某个组织一旦被赋予了制定法律和执行法律的权力,就具有了强制力。这种强制力可以获得征税权,某组织可以成为课税的主体。只有当国家是行使立法权的唯一主体时,国家才可能成为行使征税权的唯一主体[②]。

从各国国内税收现状来看,无论在学术研究领域,还是在国内法律制度中都存在着除国家以外的征税主体。北野弘久在《税法学原论》一书中提到"国家或地方公共团体作为课税的主体"[③]。1919 年《德国税收通则》第一条第一款将税收定义为:"税收作为一种无偿的特别给付,是公法的团体以收入为目的,对符合法定课税要件而应履行给付义务的一切人,一次性或连续性收取的金钱给付。"[④]因此,课税主体具有多样性。在一个主权国家范围内,具体的课税主体取决于该国的法律制度,不能一概而论。

国际投资协定是主权国家之间签订的,以促进、鼓励、保护或保证外国直接投资为目的,并约定主权国家之间权利与义务关系的书面协议。国际投资协定按照签订的主体数量可以分为双边投资协定和多边投资协定。东道国作为国际

①熊伟.税收的法律特征及其宪法界限[J].武汉理工大学学报(社会科学版),2004(10):33-36.

②樊丽明,张斌.税收法治研究[M].北京:经济科学出版社,2004:51.

③北野弘久.税法学原论[M].陈刚,杨建刚,等译.北京:中国检察出版社,2001:17.

④同③16 页。

投资协定的缔约主体，承担着协定中约定的条约义务，这种条约义务属于国家义务。国际投资仲裁是投资者将其与东道国之间因投资而产生的法律争议提交仲裁，投资者对东道国违反国际投资协定的行为要求东道国承担国家责任。国际法上的国家责任的来源主要有国际条约、国际惯例和国际法原则。国际投资协定调整国家行为，税收措施必须归于国家行为。从这一理论角度来看，无论世界各国国内税收法律制度如何规定该国税收的课税主体，国际投资协定中的税收措施所包含的“税收”课税主体都必须是国家，必须向国家支付。对于一般税法理论中所规定的其他课税主体，在国际投资仲裁实践认定税收时不能予以确认。

(二)税收合法性

税收合法性是国际投资仲裁实践中的难点问题。合法性的难点在于国际投资仲裁庭对税收合法性中的“法”究竟采用东道国国内法还是国际法标准，东道国国内法究竟是国内一般法律还是宪法，尚无定论。

税收合法性，即税收必须由法律规定，任何税收行为必须具有法律依据，这是现代税收的基本原则——税收合法性原则的要求。税收需要征税权，征税权必须具备合法的来源，现代法治国家征税权的权力来源则是法律。任何随意的、武断的、没有合法法律依据的税收都不能构成合法税收。税收合法性原则是新兴资产阶级与封建统治阶级进行斗争的结果，是近现代税法发展的产物。税收合法性的表现形式和存在方式表现为税收的法律化和宪法化，这主要体现在法律的形式渊源、税收的立法权限、税收的立法程序、税收的征管等方面①。规定税收的法律是否符合国内法律形式渊源、是否具有规定税收的合法权限、是否符合法律程序等，这些问题都关乎税收的合法性。

国际投资协定中的税收合法化是否需要国际投资仲裁庭采用宪法税收标准进行审查；国际投资协定中的税收合法化究竟是指形式合法化，还是指实质合法化；国际仲裁庭对税收合法性的审查究竟如何展开，采用形式标准还是实质标准。下文将从审查实践和形式审查标准的确立两方面展开探讨。

①王鸿貌.税收合法性研究[J].当代法学.2004(3):106－113.

1. 审查实践

1)OEPC(2004 年增值税案)和 EnCana 仲裁案

OEPC 诉厄瓜多尔共和国仲裁案(2004 年增值税案)和 EnCana 诉厄瓜多尔共和国仲裁案背景相同。两家公司在厄瓜多尔境内均通过与厄瓜多尔国有公司合作来进行石油生产。按照双方分成合同的约定,勘探和开采并最终输出的石油产品必须支付增值税,这一税收将由厄瓜多尔税务局定期返还。OEPC、EnCana 定期向厄瓜多尔国税局(以下简称 SRI)申请退还公司所缴纳的增值税。从 2001 年开始,SRI 第 233 号、第 669 号、第 670 号、第 736 号和第 3191 号决议(以下简称决议)相继公布,主要表明 SRI 拒绝退还增值税。SRI 认为增值税已经通过分成合同进行返还并且达到了合同所规定的比例。SRI 拒绝向 OEPC 以及其他相关企业进行这种增值税退还,并要求这些企业继续退还 SRI 已经退还的超额部分。这引起了 OEPC、EnCana等石油企业的不满,于是这些企业相继提起一系列国内诉讼和国际仲裁。

EnCana 指出:"SRI 无视国内法律规定而采取相关的税收措施,这与安第斯共同体法相违背,并且违反了全球涉及增值税抵免保证和退税的普遍性惯例。" EnCana 案件仲裁庭指出:"税务当局并不是贵族强盗,未经过东道国国内法律规定的、任何随意的、武断的税收要求都不符合第十二条规定的例外。如被申请人所特别强调的答辩,国际投资仲裁庭并不是厄瓜多尔国内税务事务的上诉法院,并且如果一事项与国内税法或规则相关联(或税收程序、要求税收与这些法律紧密相连的法律适用等),那么其合法性就是东道国法院的事情,不属于仲裁庭审查。"仲裁庭认为厄瓜多尔通过法令的形式拒绝退还增值税也就是对企业征收了增值税。厄瓜多尔这种拒绝返还增值税的行为依据的是厄瓜多尔国内的法律规定,至于这一国内法律本身的合法性归东道国法院判定处理。

2)杜克能源案件

杜克能源对被申请人厄瓜多尔共和国错误或未合理使用海关关税的相关规定提出指控。被申请人厄瓜多尔认为申请人和被申请人之间所争议的海关关税事项属于税收事宜,根据美国-厄瓜多尔 BIT 第十条第二款(c)项排除在 BIT 之外。申请人认为这一请求根本不属于 BIT 第十条第二款(c)中的税收事宜,这是一个合同问题。因为这一问题产生的原因是被申请人未能依据购电协议赔偿申请人进口的动力涡轮的关税，这是一个合同问题。申请人进一步认为，即便这个问题被认定是税收事项，它也属 BIT 第十条第二款(c)项范围。OEPC 诉厄瓜多尔购电协议属于投资协议，仲裁庭具有管辖权。因此仲裁庭必须处理以下两个问题：①根据第十条申请人的该诉讼请求是否属于税收事宜。②如果是，申请人的诉请是否属于第十条第二款的例外情形。其中第一个问题与“税收”认定有关。

美国-厄瓜多尔 BIT 中并没有对税收措施做出明确定义。在杜克能源案件中，仲裁庭涉及“税收”分析是在案件管辖权确认阶段。仲裁庭指出：“EnCana 案件仲裁庭对税收的解释与本案具有很强的关联性，裁决中对税收的阐明对本案具有重要意义。税收的本质在于它是由法律规定的强制征收。”

申请人诉请内容是关税免除，这是根据 1989 年关于公共部门优先工程和服务进口免税法的“第 30 号法律”（以下简称“第 30 号法律”）和 1998 年的《海关组织法》提出的。这些法律规定了为国家优先事项的行业而进口的货物可以免税，这被认为是一项国家优先权。它们还详细说明了确定这种豁免范围的方法，并指定主管当局受理申请。从其名称以及目的来看，“第 30 号法律”和《海关组织法》均是税收立法。虽然申请人坚持认为他们的申请适用购电协议的条款，但仲裁庭并没有被说服。因为“虽然申请人引用了在他们备忘录中购电协议的规定，但申请人为了要求免除关税仍然依照厄瓜多尔税法（“第 30 号法律”所规定的海关制度）提出，而不是购电协议。申请人备忘录上的规定如下：根据电力公司的请求，国家发展委员会再次确认了它的观点，即发电所需要的货物是该国的优先事项，因此符合“第 30 号法律”规定的免税进口条件。电力公司依赖的这些需要进口的且符合购电协议的所有货物都应被免税。”但遗憾的是，申请人从未解释过 1996 年签订的购电协议的条款是如何应用的，更没有解释它们是如何与税法相互作用的。

因此，杜克能源案件仲裁庭对被申请人通过法律形式要求免税，实质即是对不符合该法律规定的情形要求征收关税。这种关税的征收和免税均是通过法律形式明确予以确认的，申请人也是依据该法律规定主张被申请人不予免税违反了法律规定，那么该关税合法性本身已经得到确认，被申请人要求征收关税的措施即为税收事项。

3）伯灵顿仲裁案

OEPC（2004 年增值税案）不利判决的宣告引起了厄瓜多尔政界的不满。2006

年4月19日厄瓜多尔国会通过了第42号法律，又称《石油法修正案》，并于2006年4月25日在官方公报上发布。第42号法律规定"国家参与石油销售价格溢价的分配(未达成一致或未预见的溢价)"。具体内容如下：根据本法，与厄瓜多尔国家签订了有效分成合同的勘探和开采碳氢化合物的石油公司，在不影响与其相对应的原油参与量的情况下，当厄瓜多尔原油的平均离岸价格超过履行合同当日分成合同约定的平均月销售价格时，应将超出分成合同约定的平均月销售价格的溢价部分的50%上交厄瓜多尔(俗称"暴利税")。就本条款而言，"溢价部分应理解为每桶的价格差异乘以产生的桶数"。基础油价是外国石油公司与厄瓜多尔政府签订石油合同时的国际油价。2006年5月15日，厄瓜多尔能源矿业部颁布了终止法令，以未经许可转让油田权益为由终止了OEPC在厄瓜多尔的石油合同，将其资产和设施收归国有。2007年，厄瓜多尔左翼执政党上台，2007年10月进一步以"总统令"的形式将比例提高到99%。为此，多家外国石油企业针对厄瓜多尔提起了国际投资仲裁，其中包括OEPC、伯灵顿企业。这两个国际仲裁案件的争议焦点在于仲裁庭是否具有该案的管辖权，被申请人提出的抗辩理由为：申请人声称因被申请人第42号法律规定的措施导致申请人利益受到严重影响，而第42号法律规定的措施属于美-厄BIT所称的税收措施。根据美-厄BIT，申请人提出的与第42号法律有关的请求不属于仲裁庭管辖范围。因此，仲裁庭需要对第42号法律是否含有税收进行认定。案件涉及了厄瓜多尔第42号法律是否规定了美国-厄瓜多尔双边投资协定中的"税收"问题。

在伯灵顿案件中，申请人称第42号法律规定的缴纳只有在属于厄瓜多尔国内法的税收时才可以被认定为符合本条约第十条所称的税收。仲裁庭对此持不同意见，虽然要求缴纳50%～99%的超额利润没有挂以税收的专有名称，但仍应认定第42号法律具有税收，也就是"暴利税"属于税收。仲裁庭认为："美国-厄瓜多尔BIT第十条属于国际条约的一部分。国际条约受国际法管辖，而不受美国或厄瓜多尔的国内法管辖。因此，第42号法律是否含有属于第十条中的税收应由国际法解释，而不是由厄瓜多尔法律解释。"接着，仲裁庭论证"在管辖阶段，仲裁庭只需要根据国际法来决定第42号法律是否含有本条约第十条所指的税收。换句话说，仲裁庭在此阶段确定第42号法律是否具有厄瓜多尔法律规定的税收没有必要性。如果确有必要性，则第42号法律属于厄瓜多尔国内法意义上的税收在实体审理阶段审理。”仲裁庭最终沿用了 EnCana 案件对税收的判决思路，认为通过国际法认定第 42 号法律是否具有本条约第十条所规定的税收，仲裁庭认为 EnCana 案件和杜克能源案件的判决对这一问题的解释合理。根据 EnCana 案件的裁决，如果符合以下四项，则具有条约第十条规定的税收：①有一项法律；②对特定主体规定了强制义务；③向国家支付一定的货币；④为了公共目的。根据以上条件，仲裁庭认为第 42 号法律具有税收。首先，正如第 42 号法律的名称，第 42 号文件是法律。其次，该法律对“特定主体”规定了强制性义务，即当现行的石油价格超过预先设定的参考价格时，与厄瓜多尔签订了有效产量合同的一方负有此义务。再次，这些“特定主体”具有每月必须向国家支付一定数额货币的义务。最后，国家将申请人缴纳的这些款项用于公共目的。正如厄瓜多尔所声称的，根据第 42 号法律所缴纳的款项均直接纳入国家账户……所有税收都是由中央银行统一进入国库。仲裁庭还指出，伯灵顿根据第 42 号法律向同一税务机构缴纳了 7 号和 21 号油田的应纳所得税。

在 OEPC(2008 年终止令案)案件中，申请人认为第 42 号法律并没有税收，因为第 42 号法律违反了厄瓜多尔宪法，不构成厄瓜多尔国内法律。第 42 号文件不是法律，那么第 42 号法律所规定的支付也不属于税收，该支付违反了厄瓜多尔国内法所要求的税收合法性原则。国际仲裁庭采用了申请人提出的关于第 42 号法律没有税收的观点，特别是申请人提出的税收性质与第 42 号法律规定存在相悖。因为第 42 号法律并没有按照厄瓜多尔宪法“创造”。同时，仲裁庭认为，被申请人律师似乎也对第 42 号法律的合法性提出了质疑，用厄瓜多尔律师的话来说，“厄瓜多尔创设一个新的税收并向公民进行征费，需要遵循宪法中的一些特定程序。第 42 号法律是根据不同的程序发布，所以它不可能是一种税收。”“正如其标题所明确指出的那样，第 42 号法律是厄瓜多尔国会的一项单方面的决定，将诸如 OEPC 等签订分成合同的公司所赚取的收入百分比分配给厄瓜多尔国家。”虽然 2015 年 11 月 2 日 ICSID 专门委员会通过撤销仲裁裁决部分撤销了 OEPC(2008 年终止令案)的仲裁裁决。专门委员会经过审理认为原裁决的赔偿金额应予以部分撤销，原仲裁裁决其余内容仍发生法律效力。由于原案申请人 OEPC 公司仅对“15 号区块油田”享有 60%权益，故厄瓜多尔对申请人的赔偿金额应减少 40%，即赔偿金额降至10.6亿美元。

2. 形式审查标准的确立

我们通过以上国际投资仲裁裁决可以看出，在 EnCana 案件的裁决中，仲裁庭指出，税收必须通过法律规定，税务当局并不是贵族强盗，东道国国内法未进行法律规定的、任何随意的、武断的要求都不符合第十二条规定的例外（税收措施例外）；在杜克能源仲裁裁决中，仲裁庭指出，"税收的本质在于它是由法律规定的强制征收"，强调了税收这种强制征收的一大特点在于它是由法律所规定的；在伯灵顿仲裁裁决中，仲裁庭指出税收是由税法所规定的一种义务。"税收"的合法性是认定税收的重要标准。但实际上，国际仲裁庭对"税收合法性"仅仅采用了形式审查标准，也就是说，只要通过国内法这一法律形式所设定的税收即具有合法性。设立税收的法律本身是否具有合法性不属于国际仲裁庭考虑的范围。

OEPC（2008 年终止令案）案和伯灵顿案均涉及税收合法性的另一个重要问题，即国际投资仲裁庭对税收合法性审查是否需要进行实质性的合宪审查。在伯灵顿案件中，仲裁庭认为按照厄瓜多尔第 42 号法律开征"暴利税"具有合法依据，但仲裁庭并未展开分析第 42 号法律的立法程序是否需要符合厄瓜多尔宪法规定。虽然 OEPC（2008 年终止令案）案的仲裁庭认为第 42 号法律并没有按照厄瓜多尔宪法"创造"，因此不具备合法性。但是，该案有一个很重要的细节，这并不是国际仲裁庭对合法性本身需要进行实质审查，而是被申请人通过自认方式对税收合法性进行了否认。笔者认为，这并不影响国际仲裁庭本身仅对合法性进行形式审查的基本程序。对具有一般法律依据的税收是否符合该国宪法规定，仲裁庭并不进行实质审查。

因此，国际投资仲裁的实践可以理解为，税收必须通过法律规定，东道国税收措施中的"税收"必须由东道国国内法律规定，未通过法律形式设立的、任何随意的、武断的要求都不符合国际仲裁庭审查形式标准，实质合法性问题由东道国国内法院决定。这实际上是对主权国家税收的非严格审查，国际仲裁庭的仲裁实践对国家税收主权持尊重态度。

（三）特定主体的强制性义务

1. 税收强制性的基础

税收具有强制性这一认识几乎可以在世界各国达成一致。英国学者巴斯泰布尔认为，税收强制性是指法律规定的缴纳税额、方式、时间以及课税主体，并不存在接受纳税人意见的余地[①]。在部分欧洲国家和拉丁美洲国家，税收属于一种强制捐献。强制捐献就是依照法律强制力进行征收。普通法国家对税收强制性规定不像成文法国家如此系统，但是其本身也承认税收强制性。

法体现的是国家意志并依靠国家强制力执行。税收的合法性要求税收与法律结合，税收强制力的来源正是国家强制力，税收强制力的基础是法律[②]。如上文所述，东道国采取的税收措施需要进行税收合法性审查，这也说明了国际仲裁实践要求税收必须与强制力联系在一起。只是对强制力的外在监督较弱，但这不影响税收本身的强制性。与国内税法上的义务主体不同，国际投资实践中的投资者因税收的强制性容易与东道国发生争端。一般而言，国际投资实践中以法律形式存在的税收已经具有了强制性，国际仲裁庭对税收强制性这一特征已普遍接受。

2. 强制性对象为特定主体

在伯灵顿案件中，仲裁庭指出，税收的强制性表现在“这些特定主体具有必须每月向国家支付一定数额货币的义务”。杜克能源案件的仲裁庭解释“税收”时特别进一步并补充，“税收强制要求一部分人基于公共目的向政府履行支付一定的货币义务。”税收强制性的实施主体为特定主体，并非具有普遍性。国际投资中的税收除了具有财政收入目的，一般还具有管制目的。管制一般针对特定产业、行业等发生，这表明这类税收所针对的主体具有特定性。

(四)具有公共目的

国际投资实践中的税收目的考察与国内税法中的税收目的考察不完全相同。在国际直接投资活动中，税款在投资成本和投资利益回报中的占比相对较低。税收的物质保障功能与税收的调节功能相比，后者更具有重要性。

1. 国库或公共账户标准为主

税收作为主权国家物质基础的特征要求税收具有公共目的，因此，税收自产生

---

①徐孟洲. 税法学[M]. 北京：中国人民大学出版社，2005：2.

②樊丽明，张斌. 税收法治研究[M]. 北京：经济科学出版社，2004：5.

以来就具有公共目的。近现代以来，税收在财政收入中的比例达到绝对地位①。税收以财政收入为主要目的是税收产生的本质要求。如果税收偏离了公共目的这一本质要求，而仅仅作为国家调整经济的政策工具，那么税收将与其本质特征背道而驰，也就从根本上违反了税收产生的基础。

应然状态上，税收的物质保障性表明税收具有公共目的。只有税收具备了物质保证的真正属性后才能具有共同目的，那就是税收的最终流向。如伯灵顿仲裁庭所述，正如厄瓜多尔所称根据第 42 号法律缴纳的款项“直接纳入国家账户……”所有税收都是进入中央银行统一进入国库。在国际投资实践中，对冠以税收之名的支付，认定公共目的标准必须以国库标准为主，结合税收相关目的进行综合判断。否则，仅对税收合法性进行形式审查，很难真正掌控税收的真正目的。

2. 调节功能标准为辅

税收不仅具有物质保障性，税收还具有调控经济等功能。现代税收实践表明，现代国家的税收不仅仅为了财政收入，还可以以调控和管制为目的。税收可以实现经济的宏观调控，促进经济发展、维护社会公平正义等目标。税收目的的解释也在随社会发展的变化而变化。1977 年《德国税收通则》第三条第一款在租税定义中规定“可以将所得到的收入作为从属目的”②。国际投资实践中税收的适用在很多情况下是为了利用税收的经济调节功能。因此，国际直接投资实践中的税收不能完全采用国库标准认定其目的，东道国在阐述税收内涵时还需要结合税收调节功能这一目的进行分析，以更有力地证明税收的公共目的。

综上所述，国际投资协定中的税收措施认定首先需要认定该措施中是否包含税收，只有一个包含有税收的措施才能称之为税收措施。结合仲裁实践来看，笔者认为税收概念的认定一般需要以下几个要素：第一，向国家支付一定的货币；第二，由法律规定；第三，对特定主体规定了强制义务；第四，为了公共目的。每一项要素对于在国际投资协定调整的税收而言都具有自己独特的内涵。

①熊伟．税收的法律特征及其宪法界限[J]．武汉理工大学学报（社会科学版），2004(5)：568－571.

②北野弘久．税法学原论[M]．陈刚，杨建刚，等译．北京：中国检察出版社，2001：16.

第二节 税收措施中的税收范围

税种是指税收体系中的具体税收种类。征税对象是税法的基本要素，是区分税种的主要标准。税种按照不同的分类标准，可以进行多种划分。最常见的方式是将税收划分为直接税和间接税。传统的经济学理论认为区分直接税和间接税的标准是税收是否可以转嫁，但现代经济学理论认为这种区分似乎没有太大意义。各国似乎一致认同，所得税是最典型的直接税。间接税是对消费征收的税收（销售税、增值税或者消费税）①。

除了各主权国家国内税收法律制度调整税收之外，还存在着大量涉及税收调整的双边和多边国际条约。国际税收条约以国际税收协定为主，《经济合作与发展组织关于避免所得和财产双重征税的协定范本》（以下简称 OECD 范本）和《联合国关于发达国家与发展中国家双重征税的协定范本》（以下简称 UN 范本）是两个重要的国际税收协定范本。OECD 范本和 UN 范本指导各主权国家签订避免双重征税协定、其他双重征税和补充公约（例如：有关继承税、遗产税和赠与税方面的公约；仅涉及特定类型所得的公约；例如船运或者航空运输的有限协定；税务行政协助方面的互助公约等）。除此以外，还有一些多边经济协定或者区域协定也涉及税收的调整，如世贸组织（WTO）规则、国际投资协定、NAFTA、ECT 等。在国际法领域内，这些共存的税收专门条约和涉及税收的相关国际条约所调整的税收以及税收相关制度的税种范围是否一致？国际投资协定中的税收措施所涉及税种范围与其他国际条约调整的税种范围是否一致？国际投资协定的税收措施包含的税种有哪些？只有属于国际投资协定调整的税种才可能属于国际投资协定调整的税收措施。国际投资协定条文对税收仅进行简单、不明确的规定，这些条文对上述问题似乎永远是水中月、镜中花，没有实质性回答。本节以国际投资仲裁裁决中税种范围认定的实践为基础，研究国际投资协定中的税收范围。

①瑟仁伊．比较税法［M］．丁一，译．北京：北京大学出版社，2006：54．

一、DTA 与 WTO 规则调整的税种范围

(一)DTA 调整的税种范围

OECD 范本和 UN 范本对世界各国的双边税收协定具有重要影响。也正因如此,主权国家之间的双边税收协定具有很强的趋同性。国内税法作为国家基本税收法律制度,它的国际趋同化尤为明显[①]。甚至美国也保持着这种世界趋同性并适时修改本国的 DTA 范本。美国 DTA 范本发展的一个重要目标就是"美国条约范本和 OECD 范本保持高度一致和和谐"。1977 年,美国对范本进行修订就是为了和 1977 年 OECD 范本保持一致,1981 年、1996 年、2006 年、2016 年也是基于相同的原因修订的。

OECD 范本第二条是关于税种范围的条款,"本协定适用于缔约国任何一方或其政治附属国或其地方政府无论以任何形式对所得和资本征收的税种"。修正后的 UN 范本(2011 年)第二条对涉及的税种进行了直接规定,"本公约应适用于代表一个缔约国或其政治区划或地方当局征收的收入税和资本税,而不论采取何种方式征收……"虽然这一条文采用了开放式的"并不详尽"的列举清单模式,但是在该条第一款中将税种范围进行了规定,即各种收入和资本税,UN 范本所调整的税种范围可以确定为直接税调整范围。

以上两个范本对公约税种范围的规定是非常相似的,UN 范本第二条转载了 OECD 范本第二条的内容。范本所调整的税种范围可以确定为直接税调整范围。世界上大多数国家采用了上述两个范本所规定的税种范围,将本国税收协定调整的税种范围基本限定在直接税范围。

(二)WTO 规则所涉税种范围

世界贸易组织法律体系是为促进国际贸易自由化而建立的国际贸易规则体系。税收会产生贸易歧视,故 WTO 规则对税收的适用是为了防止税收破坏国际贸易自由化的基本贸易原则,它调整了引起贸易歧视的税收措施。"税收"一词能在 WTO 规则中更为普遍出现,WTO 规则制度下涉及税收措施调整的协议主要有

---

①王鸿貌. 试论当代税法的国际趋同化[J]. 财经论丛,2008(1):37－42.

四个：关税与贸易总协定（GATT）、服务贸易总协定（GATS）、补贴与反补贴措施协议（SCM）和与贸易有关的投资措施协议（TRIMs）。

1. GATT 调整的税种范围

GATT 的 1994 年非歧视原则中规定了该规则调整的税种范围为关税和国内税，但是 GATT 未对国内税的具体概念进行界定。龙英锋教授在《世界贸易组织协定中的国内税问题》一书中①指出，虽然 WTO 法律未对国内税提供一个精确而又有广泛覆盖性的定义，但是这并不影响通过 WTO 相关法律规则认定世界贸易组织协定中国内税所指税种的范围。就我国而言，所得税不属于 GATT 所指的国内税。一般认为 GATT 中仅仅涉及间接税调整，但是有关实践和学术证明了直接税也可能在 GATT 中适用。

2. GATS 调整的税种范围

GATS 并没有关于"税收"的直接规定和定义，GATS 下的非歧视义务是指影响服务贸易的措施，而"措施"一词在协议中的解释为"任何被成员采取的措施，或者以法律、法规、规则、程序、决定、管理行为的形式或者以其他任何形式"。因此，只要税收措施构成违反了 GATS 承担的对"服务或服务提供者"的非歧视义务，该税收措施就属于 GATS 所需要调控的税收措施范围内的"税收"。从这一角度理解，GATS 下的税收包括了直接税和间接税。

3. TRIMs 调整的税种范围

TRIMs 中没有关于税收适用的直接条款规定，协议中两处规定可以推出 TRIMs 中的税收适用。第一处为 TRIMs 中第二条规定"在不损害 1994 年 GATT 的其他权利与义务的前提下，任何成员不得实施与 1994 年 GATT 第三条国民待遇或第十一条取消数量限制的规定不相符合的任何 TRIMs"。这一条实际确立了税收在 TRIMs 中的适用，也就是 GATT 非歧视原则中税收的适用，即可以确定为 TRIMs 适用税收范围的第一条规定；第二处则是作为鼓励措施的税收优惠。作为鼓励措施的税收优惠除以关税和国内直接税方式以外，当然还包括了间接税方式，

---

①龙英锋．世界贸易组织协定中的国内税问题[M]．北京：法律出版社，2010：10.

这一点在印度尼西亚影响汽车产业的措施案中得到了论证，印度尼西亚通过消费税进行的减免构成了被禁止的投资措施。

4. SCM 调整的税种范围

SCM 的调整对象是“补贴”，也就是说，只要税收构成了 SCM 禁止的补贴，也就构成了 SCM 所禁止的税收。该协议附录提供了对出口补贴的阐述条目，其中条款(e)和条款(g)规定了直接税和间接税的有关措施①。

因此，国际税收条约中调整的税收范围为直接税；WTO 中所规定的税收为关税和国内间接税，部分协议中涉及了国内直接税的调整。大部分的国际投资协定对协定范围内的直接税或间接税适用并未进行明确约定。仅有少量投资条约区分了直接税和间接税，并且规定有些条约义务仅仅适用于间接税，所涉及的直接税由避免双重征税条约处理。ECT、NAFTA、美国的自由贸易协定(FTAs)都采用了这类调整范围。下文拟对不同涉税条约中税收的直接税和间接税的调整范围进行比较分析。

二、NAFTA 和 ECT 投资章节调整的税种范围

(一)NAFTA 和 ECT 的税种范围

1. NAFTA 的税种规定

NAFTA 第 2103 条(1)规定：除本条约特别规定的以外，本条约规定不适用于税收措施。在 2103(4)(b)中进一步特别规定：国民待遇和最惠国待遇适用于所有税收措施，除了所得、资本收入、公司应税收入、财产税、继承、赠与以及隔代转移…… 这表明，国民待遇和最惠国的规则适用于除上述规定或“实质上类似的税收”以外的所有其他税收。

本款采用正面清单方式规定排除适用的税收范围。从税种角度来看，“所得、资本收入、公司应税收入、财产税、继承、赠与以及隔代转移等方面的税收”为直接税范围。财产税一般是指对土地和建筑物等财产征税，是对全部财产的总价值征

①罗秦. 税收竞争、贸易摩擦与中国贸易税制竞争力[D]. 上海：华东师范大学博士学位论文，2011.

税;继承税和赠与税是对净价值额征税,即对财产价值减去负债的净额征税,这一点与财产税有本质的区别。换句话说,NAFTA 中适用于国民待遇和最惠国待遇的税收措施主要是指包括间接税的税收措施。

2. ECT 的税种规定

《能源宪章条约》(ECT)第二十一条规定本条款仅适用于除收入或资本以外的征税措施。第二十一条第七款(b)项规定:所有对总收入或总资本、征税与资本要素的征税,包括财产转让收益征税、房产征税、遗产征税和赠与征税,或实质相似的征税、企业发放的全部工资或薪水的征税,以及资本增值的征税,均应视为对收入或资本的征税。第二十一条第七款(d)项规定关税不属于条约的"税收"范畴。

通过 ECT 第二十一条征税条款规定,我们可以看出 ECT 所调整的税收排除了直接税,并且为了避免歧义,明确将关税排除在条约调整范围之外。也就是说,除关税以外的间接税被纳入了 ECT 中的税种范围,这一税种范围较之于 NAFTA 间接税范围更为狭窄。

(二)NAFTA 和 ECT 限定税种范围的原因

1. 美国 BIT 对 NAFTA 和 ECT 的重要影响

1994 年 1 月 1 日,美国、加拿大、墨西哥三国签订的《北美自由贸易协定》正式生效,该自由贸易协定包含了更广泛的国际经济关系。较之于世界上其他自由贸易协定,NAFTA 最具特色的内容在于它首次在多边基础上规定了综合性的国际投资规则,并包含了具有法律效力的投资者-东道国投资争端解决机制[①]。NAFTA 体现了墨西哥对美国的妥协和让步,美式 BIT 实践形成了 NAFTA 第 11 章的框架基础,包括实体待遇和保护、争端解决机制等方面的内容。NAFTA 第 2103 条税收条款也体现了美国在多边协定中处理税收的态度。

《能源宪章条约》(ECT)是一部专门促进能源领域国际合作的综合性多边条约。ECT 以保护多边能源投资、贸易和运输,希望建立一个真正开放的、非歧视性的能源市场,侧重于能源投资的保护。虽然美国最终未签署未加入 ECT,但 ECT

---

①梁丹妮.《北美自由贸易协定》投资争端仲裁机制研究[M].北京:法律出版社,2007:4.

的投资规则大量采用美式 BIT 和 NAFTA 的规则，基本上延续了发达国家倡导的高水平待遇。在许多方面，该条约代表了北美各国和欧洲各国之间的妥协。《能源宪章条约》第二十一条税收措施条款反映了这种妥协的特征，ECT 第二十一条税收条款也受到美国态度的影响，它比某些北美条约中的税收措施条款更加谨慎。

美国政府在国际投资协定中对税收采取的基本态度是将税收排除在国家的投资协定之外，认为税收应在双边税收协定中得到适当保护或者“应在双边税收协定中处理”。美国倾向于在一个专门的条约中处理税收，需要专门的国际税收协定与国内税收立法规定相协调。美国对税收条约的谈判和批准程序与对其他条约的谈判和批准程序有很多不同。按照美国的条约批准程序，一个条约至少要美国国会三分之二以上议员同意才能通过。一直以来，美国大量的双边税收协定由于各种各样的原因被议会阻止，包括拒绝免税或者是由于一些会对居民隐私产生较大影响的复杂信息交换条款。美国众议院专门负责美国的税收立法。若税收条约可以在没有美国众议院意见的情况下成为法律，则美国总统可以在没有美国众议院同意的情况下签订有效的行政条约。美国不愿在税收方面走上这种无程序的道路，尽管未来这种传统可能会被打破。美国历来注重国际条约的平衡协调，主张将直接税纳入双边税收协定的调整范围中。美国为了避免条约之间的冲突，仅仅将非双边税收协定调整的间接税纳入其国际条约的调整范围中，并且长期在国际投资实践中主导这一做法。

2. OECD 国家对 ECT 的重要影响

OECD 现有成员国 36 个，OECD 范本对主权国家双边税收协定具有重要影响力。OECD 的 36 个成员国中除美国、加拿大、新西兰、墨西哥、韩国、智利、以色列 7 个国家以外，其余 29 个国家均属于 ECT 的成员国。OECD 大部分成员国也是 ECT 成员国。同时如上文所言，即使美国、加拿大、墨西哥等 7 国不属于 ECT 成员国，但是 ECT 的投资规则受到美式 BIT 和 NAFTA 的投资规则影响。

在 OECD 范本影响下的双边税收协定争端解决机制与 ECT 中的投资者-东道国仲裁解决机制有着本质区别。选择双边税收协定意味着通过投资者和国家直接仲裁的有效保护方式被双边税收协定中的外交途径所替代，这些外交途径允许缔约双方主管税务当局进行协商处理。目前 OECD 关注和讨论引入的仲裁仅仅是国家间仲裁，对外国投资者的主动作用较弱。若国际投资条约以保护投资者利益为出发点，采用国家间仲裁却不扩大调整的税种范围或依旧限制现代投资保护条约下的有限税种范围，则投资者仍将处于不利地位。投资条约的缔约方希望通过国内投资者和外国投资者之间的公平竞争以及赋予外国投资者在东道国的直接行动权，为投资者提供合理的保护。然而却没有任何一个缔约方愿意将税收权力放弃或者将税收权力交予国际仲裁庭审查。同时，大多数资本输出国国家（尤其是OECD 成员国）的财政主要依赖于直接税，特别是那些福利扩张的国家。OECD 对其成员国国家的调查显示：自 1965 年以来税收占大多数成员国国内生产总值（GDP）的比例在上升，这些税收主要来自所得税、物品税以及社会保障贡献。这些税收以及相应的税收收入已占欧洲国家 GDP 的 40%。由于对直接税的依赖，大多数国家限制了其投资条约所涵盖的税种范围。因此，为更好解决 ECT 投资仲裁和双边税收协定的相互协商程序的冲突，ECT 排除了直接税的适用。

三、确立税种范围的国际仲裁实践

双边税收协定的税种调整范围可以理解为直接税调整范围。大多数主权国家之间的双边投资条约对税种范围未进行明确规定。在双边投资条约未明确规定税种范围的情况下，如何理解 BIT 税种范围，这也是涉税投资争议中常见的争议焦点。在 OEPC（2004 年增值税案）、EnCana 案等国际投资仲裁中，申请人和被申请人对双边投资条约中的税收种类是否限于间接税产生了分歧。

（一）税种的限制性解释

1. 限制性解释的含义

根据限制性解释，国际投资协定所指向的税收应同缔约国双重征税协定的税收理解相同，即国际投资协定中的税收仅仅指直接税。若国际投资协定中的税收措施排除税收在国际投资协定中的适用，那么排除的税收亦指直接税。根据这一解释，间接税不属于国际投资协定的税收措施范围。因此即使国际投资协定排除税收措施的适用也不能将间接税从国际投资协定中进行排除适用。此时，包含间接税的税收措施仍然属于国际投资协定的调整范围。

这一观点主要是从国际投资协定缔结税收条款的目的角度进行解释的，1969

年《维也纳条约法公约》第三十一条第一款，即条约解释之通则要求条约应依其用语按其上下文语境并参照条约之目的及宗旨所具有的通常意义来进行解释。国际投资协定当然适用于税收措施，国际投资协定之所以通过明示方式再次设立税收条款规定税收措施的适用，目的在于平衡和协调缔约国之间双边投资协定和双重征税协定关于税收规定的一致性。如果不需要通过这类条款处理这种平衡关系，那么这类条款的设置没有任何法律意义。美国是这一观点的坚定拥护者。也正是如此，美国的投资者作为申请人多次在涉税投资仲裁实践中采用了这一观点进行仲裁。

2. 限制性解释的实践

在 OEPC（2004 年增值税案）案件中，申请人反对厄瓜多尔对第十条税收政策的解释。申请人特别强调“基于对税收的尊重，当缔约国之间存在调整直接税的双重征税协定时，国际投资协定中的税收政策条款的意义和条款缔结的过程都表明国际投资协定不适用于双重征税协定已涉及的直接税。”申请人同时指出：“美国和厄瓜多尔之间在任何时候都没有任何双重征税条约（即直接税无须不适用）。即使存在税收不予适用的排除条款，间接税亦未排除。间接税仍属于国际投资协定的争议解决机制范围。这是根据 1969 年《维也纳条约法公约》第三十一条可以得出的正常解释。”申请人对该限制性解释理由如下：“申请人认为第十条是美国 BIT 的范本条款，这个条款的解释应当由规定此条款的官方予以解释并且该种解释应当起决定作用。BIT 规定此条款是为了避免 BIT 与双重征税协定的争端解决机制冲突。如果所有的税收种类都不适用于国际投资协定中的争端解决机制，那这样的条款就没有任何存在的价值意义。它进一步表明如果答辩人将违反 BIT 第二条[①]义务的措施全部伪装成税收措施，并且该措施都会因为属于税收措施而不适用于争端解决机制，这明显与 BIT 目的不符。WTO 和安第斯共同体都支持申请人的观点。”

属于美国国民的申请人基于美国 BIT 范本的税收条款解释，认为国际条约中的税收范围应当限定在国际税收协定确立的税收范围。就税收的国际调整而言，缔约国之间的税收国际调整应当以双重征税协定优先，必须做到双重征税协定与

---

①第二款属于投资待遇条款。

非税收国际条约的协调发展。双重征税协定以外的国际条约所指的税收应当限定在本国双重征税协定的税收范围。当缔约国之间存在双重征税协定时，即使双边投资协定中存在税收措施的排除也仅仅排除了直接税的适用，即间接税仍属于国际投资协定的适用范围；当缔约国之间不存在双重征税协定时，即使双边投资协定中存在税收措施的排除也没有排除直接税的适用，即直接税和间接税仍属于国际投资协定的适用范围。税收的限制性解释仅仅从平衡缔约国条约冲突的角度出发，认为国际条约中的税收必须限定在唯一的专门条约中进行特定化和唯一化。这一解释方法强化了对投资者利益的保护，弱化国际投资协定中有关限制税收措施适用条款的适用范围。实质上，国际投资协定中税种的限制性解释方法所基于的条款目的是一种片面的目的。国际投资协定通过一定的税收条款对税收措施的适用进行规定，并非仅仅以平衡和协调双重征税协定为目的。国际投资协定中设立一定的税收条款对税收措施的适用进行规定是以维护税收主权和投资者利益为目的。就税收而言，如果缔约国之间同时签订了双重征税协定和双边税收协定，那么平衡和协调双重征税协定的一致性也成为双边投资协定税收条款的目的之一，而并非全部。

(二)税种的广义解释

1. 广义解释的含义

根据广义解释，国际投资协定所指向的税种应当是指包含直接税在内的所有税收种类。若国际投资协定条文无明文规定，则不得随意地将直接税排除在国际投资协定调整的税种范围外。国际投资协定中的税收应当遵循税收的一般解释理论，包含其应有的税收种类。

高密度的国际条约固然存在着条约冲突的风险，平衡和协调双边税收协定和国际投资协定之间的税收冲突确有必要。但是，国际投资协定中的税收措施调整以保护东道国国家利益和投资者的投资利益为条约宗旨。诚然，双边税收协定可以保护投资者免受税收歧视性待遇，但是对于某些虽然不构成税收歧视性待遇但却严重损害投资者利益的行为(例如征收)无济于事[①]。国际投资协定中的税收措

①蔡从燕. 国际投资条约实践中的税收措施问题[J]. 武大国际法评论，2010(2)：113－133.

施调整首先应当将“税收”应有的范围纳入国际投资协定的调整范围，也就是“税收”应将直接税包含在自身范围内，所以“税收”的广义解释符合国际投资协定税收措施调整的出发点。当然，当“税收”的广义解释被纳入国际投资协定的税收措施中调整时，它不可避免地在某种程度上与双边税收协定或者其他国际条约中的涉税部分存在或多或少的冲突或者不一致。因此，设置相关的条款对条约间冲突进行协调和补充，或者明确将某些特定税种排除更具有科学意义。

因此，国际投资协定中的税收措施包含的“税收”采用广义解释方法解释其税种范围更符合国际投资协定自身的条约宗旨和目的，也更加符合国际投资协定调整税收措施的必要性和逻辑起点。这一解释方法从国际投资实践来看，已经成为国际仲裁庭采纳较多的解释方法。

2. 广义解释的实践

从涉税投资仲裁实践来看，国际投资仲裁庭在国际投资实践中并没有支持税种的限制性解释。国际仲裁庭对国际投资协定中的税收种类基本采用了广义解释。广义的解释方法，对东道国来说是一把双刃剑。它可以更加宽泛地将东道国的税收措施纳入国际投资协定的调整中，也可以更加宽泛地为东道国留足排除税收措施在国际投资协定中调整的空间。东道国需要尊重国际投资实践的普遍做法，更加明确地确定国际投资协定中的税收种类。

在联贸股份公司诉摩尔多瓦案中，联贸股份公司因摩尔多瓦取消了投资可以利用的关税和增值税措施给投资者带来了巨大损失引发涉税争议。国际仲裁庭认为“美国与摩尔多瓦 BIT 第十条中税收措施中的税收应当采用广义的解释，它包含了关税以及通过国家权力增加国库收入的其他形式。”国际仲裁庭明确拒绝按照申请人的请求对税收措施中的税收进行限制性理解。

在 OEPC(2004 年增值税案)案仲裁裁决中，国际仲裁庭认为:“申请人的观点似乎具有合理性，即例外规定为了与国际税收条约相协调而仅仅涉及一些特定的税种。该条款的协商历程也体现了这种解释的合理性。WTO 和安第斯共同体也支持这样的观点。但国际仲裁庭并不认为这是合理解释第十条的方法。”在该仲裁裁决中，国际仲裁庭认为无须仔细讨论第十条中的直接税和间接税，原因在于直接税和间接税的论证对第十条的适用起不到决定性作用，国际仲裁庭并没有仔细论证应当如何确定条约中的税种范围，仅表明了国际投资协定中的税收范围限定在直接税不具有合理性。

在 EnCana 案件的仲裁裁决中，国际仲裁庭在仲裁裁决中明确认为“不能将双边投资协定中的税收一词限制为直接税，没有理由像申请人坚持的观点一样，认为它应该采用有限解释方法仅仅指直接税。间接税例如本案中涉及的增值税应当被包含在内。”

综上所述，国际条约中的“税收”种类实质是涉及国际条约涉税调整范围的确立，正确厘清国际条约中的税种亦是解决国际条约之间涉税冲突的根源。国际投资协定中的税收措施包含的“税收”种类是研究国际投资协定税收措施适用问题的关键。无论从国际投资协定的理论，还是从国际投资涉税仲裁的实践来看，国际投资协定中的税收措施包含的税种应当采用广义解释方法进行确立，税收范围应当包含直接税和间接税。

第二章　国际投资协定中税收措施适用的模式

税收除了具有财政收入功能外，税收也具有经济调整功能。在国际直接投资过程中，东道国通过税收手段对国际直接投资进行调整。然而，基于税收主权原因和税收本身的复杂性，主权国家在对外缔结国际投资协定过程中往往倾向于将税收措施予以特殊处理。因此，各国在国际投资协定中对税收措施的适用采取了不同的态度：①国际投资协定所有条款全部适用于税收措施；②国际投资协定所有条款全部排除税收措施的适用；③国际投资协定部分条款适用于税收措施。实践中，世界各国对国际投资协定中税收措施采取何种态度取决于国际投资协定对东道国国家利益和投资者私人利益保护的价值取向。

第一节　国际投资协定对税收措施的完全适用

国际直接投资活动与税收有天然的关联性。东道国税收具有财政收入功能和经济调整功能，税收措施作为东道国的投资政策在国际直接投资活动中发挥着重要作用。理论上东道国税收措施与东道国管理外资的一般措施一样，均存在于国际直接投资活动中并成为国际投资协定的调整对象，国际投资协定对税收措施完全适用。

一、税收对国际直接投资主体的作用

国际直接投资具有明确的经济动因，追求更高的投资回报率和争夺更大的市场是其主要动因[①]。国际税收伴随着国际经济活动而产生，国际直接投资作为当

①邓力平.国际税收学[M].北京：清华大学出版社，2005：172.

前国际经济活动中非常重要的一部分，与东道国税收天然结合在一起。东道国税收在国际投资过程中发挥着两大主要功能：一是东道国财政收入功能；二是经济调整功能。经济调整功能包括促进资本输入国海外投资和管理本国经济的功能。国际投资协定的主要宗旨是平衡东道国的国家利益和投资者的海外利益。

投资回报率和东道国税收负担是影响投资者进行国际投资的重要因素，是投资者在国际直接投资时密切关注的问题[①]。这种天然的经济关系使得税收在国际直接投资过程中具有内在关联性。调整国际直接投资过程中东道国税收的法律渊源主要包括国际条约和东道国国内税法[②]。

(一)东道国税收对投资者的作用

投资者密切关注东道国税收制度，税收不是影响国际直接投资流向的决定性因素[③]，但是税收是影响国际投资回报率的重要因素。东道国和投资者所在国的资本所得税，包括对直接投资所获得的公司生产经营利润所得征收的公司所得税以及个人所得税等都会影响投资者的投资回报率。东道国税收制度是投资者评估投资回报率的重要因素。

通常，东道国向投资者或者投资企业所征收的相关税收会影响其投资回报率。投资者往往希望东道国具有稳定的税收法律制度，避免因为税收法律制度的变动影响其投资回报率。例如：进口税或者关税的征收将提高投资者在投资生产过程中原材料和设备的成本或者将提高投资者所投资生产产品在东道国销售的成本价格，可转嫁给消费者承担的增值税也将提高产品的销售价格，如果投资者没有办法抵扣增值税也会再次提高投资产品的销售成本。企业所得税一般是对公司净利润征收的税种。对股息分配的预扣税将进一步减少外国投资者的实际汇回利润。吸收贷款、知识产权或境外服务也会引发扣缴税款，而这些税款通常会被投资者视为经济成本。根据直接投资领域不同，东道国税收也可能发挥不同作用，如不动产税、消费税等。

因此，虽然东道国的税收制度不是影响国际直接投资的决定性因素，尤其当

①WAINCYMER J. Investor-state arbitration: finding the elusive balance between investor protection and state police powers[J]. International Trade and Business Law Review, 2014(17): 261－289.

②也有人认为投资者与东道国之间的投资协议也是调整东道国税收的法律渊源。

③王逸. 论税收因素在国际直接投资决策中的地位[J]. 西安财经学院学报，2009(2)：58－61.

东道国整体投资环境日趋完善时，税收优惠对投资者决策的影响越来越小，但是，随着国际税收合作的加强，国际重复征税以及国家间的税收竞争将影响企业在海外投资的积极性，海外投资者对东道国的税收制度依然高度关注，国际直接投资过程中的税收制度依旧是海外投资者关注的焦点。投资者对税收关注的内容主要体现在东道国是否有稳定的税收制度、税负的高低和税收待遇如何等几方面。

（二）东道国税收对本国的作用

从东道国角度看，税收主权的重要性体现在税收的功能方面。税收是东道国财政收入的主要来源，并以政策的形式发挥其监管和调节经济的功能，这是国家税收主权的体现①。

1. 税收是东道国的物质保障

税收与主权之间的密切联系早在很多年前就已经得到关注和论证。如果国家没有能力有效行使税收主权，任何国家运行都无法实现。税收是国家维持其组织机构运行的重要物质保障。税收给予国家统一所需的军事力量以物质保障。税收给予民事和刑事司法系统以物质保障。税收保障人民群众的生命和财产安全。如果没有税收收入，国家权力在其他主权国家和本国国民眼里已名存实亡。

2. 税收是东道国经济管理职能的体现

“措施”一词从词义理解来看，是指解决问题所采用的办法。它是一个抽象名词，表示着眼于某个确切目标的某种法令或规定、某个步骤或某个行动过程，这一概念在各领域被广泛使用。对东道国而言，税收除了具有物质保障意义，还是东道国监管和调整跨国直接投资的重要手段，具有国家管理措施的功能。征税权力是政府执政的权力。东道国与投资者之间存在税收法律关系是东道国允许投资者在其境内经营的必要条件。东道国认为，税收不仅是提高财政收入的手段，也是对外国直接投资进行监管的手段。

---

①崔晓静. 国际税收行政合作的新发展及其法律问题研究[M]. 北京：中国社会科学出版社，2014：9.

1)税收措施吸引外资

东道国可以通过税收优惠制度吸引海外投资，促进本国经济发展。在影响国际资本利润最大化的因素中，税收因素是重要的因素之一。虽然国际直接资本的流向由东道国投资综合指数决定，但是资本输入国的税收优惠政策也会影响国际资本的流向。在经济全球化发展的当代，东道国通常用税收政策引导外国资本流入本国经济发展需要的相关产业或者地区。税收优惠制度让投资者税负减少，对投资者而言具有吸引力，是投资者做出投资决定的影响因素之一。当相关的税收优惠制度按照东道国的承诺实施时，投资者与东道国之间一般很少产生投资争议；当东道国改变原有的税收优惠制度时，投资者与东道国之间容易发生涉税投资争端。

2)税收措施监管外资

外资监管是一国经济主权的体现，东道国可以利用投资政策采取各种外资监管措施。国际直接投资与税收之间的经济关系，使得税收通常作为国家管制措施实施。东道国可以基于本国公共利益或者经济利益的需要通过税收对某一产业或者经济现状进行调整。政府可以通过对有害产品征税以遏制该有害产品被消费(例如，对烟草征税)或通过对有害活动实施征税以确保活动成本得到适当分配(如污染者付费原则)①。从更广泛的宏观经济层面来看，当经济过热时，东道国政府可以提高税收，减少需求并抑制通货膨胀②。

特别需要注意的是，20 世纪 70 年代国家通过税收对外资进行调整，这是税收直接干预经济的方式。在经济全球化发展的趋势下，从 20 世纪 80 年代开始，发展中国家开始打开吸收外资的国门，充分利用外资发展本国经济，调整外国直接投资的国内法律和国际法体系逐渐形成并不断被完善。东道国国家调整外资的方式已从直接干预变为间接干预，国家对经济的调控不再通过在市场直接行使公共权力的手段实现，而是通过对环境、税收财政的监管等手段实现，这些监管手段是当今

①RING D M. What's at stake in the sovereignty debate? International tax and the nation - state[J]. Virginia Journal of International Law, 2008(49): 156 - 232.

②DAVIE M. Taxation - based investment treaty claims[J]. Journal of International Dispute Settlement, 2015(6): 202 - 227.

影响经济发展的主要手段。随着投资自由化的发展，维持外国投资和东道国管制之间的平衡已经成为国际投资协定发展的主题，东道国对待外资的身份已经由直接行驶公共权力者转变为“监管政府”。由于国家税收与外国投资直接相关，东道国政府已经将税收作为管理外资的政策措施。东道国税收措施的监管功能在国际直接投资过程中发挥着重要作用。

二、条约义务对税收主权的规制

(一)国家税收主权原则

1. 国家主权理论

几个世纪以来，人们一直在争议主权的起源。主权理论经历了从君主主权、议会主权、人权主权、联邦制主权到国家主权几个发展阶段。国家主权观经历了资产阶级国家的主权观、社会主义国家的主权观到《联合国宪章》中的主权观①。王铁崖教授认为“主权作为国家最重要的属性，是国家在国内固有的最高权力和国际上的独立权力”②。国家主权包括国家安全主权、经济主权、文化主权三个方面，其中经济主权是国家主权在经济领域的体现。经济主权涵盖了税收主权、贸易主权、投资主权等内容。因此税收主权作为国家经济主权的内容，占有重要地位。

2. 税收主权内容

国家要拥有主权必须具有财政基础。如果主权国家没有财政收入，就不能行使其主权。税收是财政收入的重要保障，早在16世纪末，法国学者博丹提出主权概念并指出，征税权是国家主权的重要内容③。税收主权作为国家主权的重要内容，具有很强的绝对性。历史上，各国一直在努力维护自己的税收主权，丝毫不愿放弃自己的任何税收主权④。征税权是国家税收主权的内容，是国家权力

①肖佳灵. 国家主权论[M]. 北京：时事出版社，2003：28.

②王铁崖. 国际法[M]. 北京：法律出版社，1981：36.

③博丹. 论主权[M]. 北京：中国政法大学出版社，2003：81-83.

④刘永伟. 税收主权与税收专约的解释依据[J]. 中国社会科学，2013(6)：129-145.

的重要方面。

国家税收主权允许东道国有权自主决定主权范围内的税收制度内容，自主决定实行什么样的税收制度以及如何执行本国税收制度等。任何国家、国际组织、个人都必须尊重主权国家的税收主权[①]。随着全球化进程的加快，税收主权不仅体现在主权国家的税收治理方面，还体现在对外的制税权方面。如何将国内征税权在国际经济关系中延伸，维护国家的税收利益，加强国家间的税收行政合作，自由而有限度地参与国家税收竞争？这是当前世界经济新形势下的税收主权观的新命题[②]。

(二)国际投资协定对税收的规制

在国际直接投资过程中，税收对于投资者和东道国都具有重要作用。税收主权原则表明东道国可以自主决定自身的税收政策，但东道国需要考虑投资者的利益。为更好地保护投资者的利益，需要在国际义务层面强化对政府行为的规制。国家税收主权固然具有绝对性，但是当主权国家为了追求某些国家利益时，国家税收主权对外制税权往往要求通过缔结国际条约的方式限制主权国家征税、放弃征收或者遵守某种国际义务，当然这需要基于主权国家自愿同意。主权国家基于税收主权原则接受国际条约对税收的规制，这也是税收法治的国际化要求，国内税收在主权国家自愿的基础上接受国际条约规制。对国际直接投资过程中的税收而言，国家税收主权对外制税权主要通过以下两大条约体系来处理。

1.国际税收协定

国际税收协定是主权国家之间签订的旨在协调国家间税收权益分配关系和实现国际税收行政协助的书面协议[③]。国际税收协定按照签订国家的数量划分，可以分为双边税收协定和多边税收协定。由于税收本身的复杂性以及世界各国税制的差异性，国家一般通过避免双重征税协定将国家间税收协调问题进行专门处理。本书所提及的国际税收协定一般指避免双重征税的双边税收协定。避免双重征税

①蔡庆辉.有害国际税收竞争的规制问题研究[M].北京：科学出版社，2010：6.
②吕铖刚.税收治理、竞争参与和国家利益：主权理念下对制税权的初步阐释[J].江汉学术，2017，36(1)：35－42.
③廖益新.国际税法学[M].北京：高等教育出版社，2008：60.

的双边税收协定主要包括以下内容:协定的适用范围;对各类跨国所得和财产价值的征税权划分;避免国际重复征税的方法;禁止对缔约国居民的税收歧视待遇。东道国对国际直接投资过程中的跨国所得和财产价值征税所形成的税收征纳关系属于双边税收协定的直接调整对象。这类协定中限制征税是主权国家对征税权的自我限制或者放弃,它的运作是在不危及国家根本利益的前提下进行的,是国家间自愿、共赢的主权行为,也是国家税收主权的体现。

2. 国际投资协定

国际投资协定是指主权国家之间签订的以保护外国投资者权利、促进国际投资为内容,调整国际直接投资关系的书面协议。国际投资协定一般包括投资、投资者的定义,投资者在东道国的待遇,征收及国有化补偿,投资财产和利润等收益自由汇出,投资争议解决等方面的法律内容。国际投资协定按签订方的数量可以分为双边投资协定和多边投资协定。本书所称的国际投资协定主要指国家间的双边投资协定。

国际投资协定调整缔约国行为,缔约国具有国家义务。国际投资协定要求任何国家对待外国投资者的行为及其方式都应符合国际投资协定要求的义务。国家将税收措施适用于国际直接投资过程中,税收措施作为东道国国家行为需要接受国际投资协定的约束。东道国税收措施必须符合国际投资协定下的国家义务,例如公平公正待遇义务、国民待遇义务、最惠国待遇义务等,必须按照符合条约的方式进行征收并做出补偿。除非东道国就税收措施的条约义务进行一定程度的限制,否则东道国税收措施必须符合国际投资协定要求的义务。若东道国利用税收措施违反了国际投资协定要求的义务,则投资者可以依据国际投资协定追究东道国利用税收措施(包括试图征税、提高税收或改变国内财政政策的措施)违反条约义务的赔偿责任。因此,东道国基于税收主权所采取的税收措施被纳入了国际投资协定调整范围中,国际投资协定包含对东道国税收措施的法律适用。

综上所述,国际直接投资活动与税收有天然的关联性。东道国因税收具有财政收入功能和经济调整功能,通常将税收措施作为投资政策使用。从理论上看,东道国税收措施与东道国管理外资的一般措施一样,均存在于国际直接投资活动中并成为国际投资协定的调整对象。在国际直接投资实践中,税收措施较国际直接投资活动中的其他措施而言具有特殊性，主要体现为东道国税收主权的绝对性。一方面，税收主权的绝对性要求国际条约义务不得构成对国家税收主权的威胁或者挑战。虽然税收措施应当符合国际条约义务，但国家税收主权原则使得国际条约要充分尊重国家税收主权，又倾向于将税收集中于专门的国际税收协定中来调整和处理。这是为了规避密集的国际条约体系对税收主权带来的风险。另一方面，就国际条约义务的承担而言，东道国税收措施除了在专门的国际税收协定中进行调整外，还受到其他国际条约的调整。在国际直接投资中，东道国税收措施在 DTA 条约义务和 BIT 条约义务中存在冲突问题。由于税收主权原则、DTA 与 BIT 之间可能存在的条约义务冲突等原因，主权国家在国际实践中倾向于根据国家利益对国际投资协定中的税收措施适用进行科学限制。

第二节　国际投资协定对税收措施的排除适用

如上一节所论述，税收措施作为东道国国际直接投资管理过程中的措施，应然状态为国际投资协定义务全部适用于税收措施；从实然状态来看，基于对税收主权考虑和国际条约之间的冲突平衡，主权国家国际投资条约义务一般仅部分适用或者完全排除适用于税收措施。因此，国际投资协定对税收措施适用的实践大致可以分为以下三种模式：①全部适用，这种模式是指把税收措施全部都涵盖在国际投资协定中，国际投资协定并没有将敏感的税收措施排除适用，税收措施全部被纳入国际投资协定的适用范围中。②普遍排除，这种模式将税收措施毫无保留地全部排除在国际投资协定调整之外，国际投资协定中的任何条款不得适用于东道国税收措施。国际投资协定完全排除对税收措施的适用，任何投资仲裁机构都不得依据国际投资协定解决涉税国际投资争端。例如：1999 年阿根廷-新西兰 BIT 第五条第二款："本协定不适用于任何缔约方领土内的税收事项。税收事项应当由各缔约方国内法调整，并按缔约方之间缔结的涉及税收的协定调整。"[①]③有限适用，这种模式是指国际投资协定中的投资待遇、投资保护和争议解决条款部分适用于税

①李庆灵．刍议国际投资协定中的税收仲裁机制：以中国的缔约实践为例[J]．上海对外经贸大学学报，2013(1)：68－78．

收措施，而并非国际投资协定中的上述条款全部适用于税收措施。这是当前国际投资协定实践中处理税收措施的主要模式。全部适用和普遍排除模式是全有或者全无，这两类模式对以调整东道国国家利益和投资者私人利益为宗旨的国际投资协定而言，都属于国际投资协定中的偶然现象。国际投资协定若采用有限适用模式，则一般通过相关条款对税收措施的适用做出具体排除规定①。本节主要研究国际投资协定对税收措施的有限适用模式，并对具体条款排除税收措施的实践进行总结和归纳。

一、附属型税收措施排除和专款型税收措施排除

从结构上看，国际投资协定对税收措施的有限适用模式分为附属型税收措施排除和专款型税收措施排除。附属型税收措施排除一般作为国际投资协定投资待遇和投资保护条款、争端解决条款的附属条款而存在，不单独另设条款做出规定；专款型税收措施排除一般作为国际投资协定的单独条款存在于国际投资协定中，内容一般更为具体和详尽。

（一）附属型税收措施排除

1. 概念

附属型税收措施排除是指国际投资协定并不单独存在专门对税收措施进行处理的条款，该类处理税收措施的条款被附在国际投资协定实体条款或争端解决条款中。国际投资协定具体的条款就本条款中的条约义务对税收措施的适用情况进行例外规定和安排，减轻缔约国在该条款中的条约义务。这类附属型税收条款多存在于国际投资协定的国民待遇、最惠国待遇、公平公正待遇等条款中，通过这类税收条款对税收措施的适用进行部分限制②。

附属型税收措施排除一般存在于采用德式 BIT 范本的国家。德国缔结现代第一个 BIT，即 1959 年 11 月 25 日德国与巴基斯坦 BIT，该条约未包含仲裁条款。德

①国际投资协定中的税收条款绝大部分是对税收措施做出的排除规定，只有 BIT 偶尔会采用税收条款对税收措施的适用做出规定。

②张泽平. 国际税收协定中非歧视条款之内涵辨析[J]. 华东政法大学学报，2018(2)：165 - 175.

国作为资本输出型国家，在双边投资协定的缔结过程中一直关注投资者进入外国市场时经济框架的稳定性以及高标准的投资待遇，强调投资保护。德式BIT范本一般十分简洁，随着时间变化，BIT范本内容一般不会发生重大变化。内容主要围绕实质性标准做出约定，包括公平公正待遇、全面保护和安全；不受任意或歧视性措施的损害；投资和投资者的国民待遇；对投资和投资者的最惠国待遇；征收；关于战争或其他冲突、革命、国家紧急情况或叛乱所造成的损失进行赔偿；遵守对投资所承担的义务（“保护伞条款”）等内容。德式BIT范本基本不采用专门条款对税收措施适用进行特别规定，仅仅在BIT部分实体待遇义务条款中对税收措施适用做出简单规定，这与美式BIT范本有所区别。德式BIT范本中这些实质性条款用比较广泛和一般的语言做出规定，实际是给投资者提供更多的索赔请求机会。德式条约的一致性反映了欧洲国家政府相对强势的谈判地位，也反映了欧洲国家条约谈判者使用标准样本语言的事实。

2. 典型BIT范本实践

1）法国BIT范本

法国BIT范本（2006年）采用了附属型税收措施排除方式。范本中第四条规定了国民待遇和最惠国待遇，该条款的第三款中规定了这两类待遇都不适用于税务事项。特别注意的是，该范本仅对国家-国家投资争端仲裁机制进行了规定，并没有确立投资者-东道国国际投资仲裁争端解决方式。这与德国第一个BIT争端解决机制一致。

2）德国BIT范本

德国BIT范本（2008年）采用了附属型税收措施排除方式。范本中第三条为国民待遇和最惠国待遇条款，该条款限制了税收措施的适用。第三条第五款规定：“根据缔约国国内税法规定，适用于居住在其领土内的投资者的税收待遇、减税、免税只能适用于居住在其领土内的投资者，缔约国另一方不能要求缔约国将这类义务延伸至居住在另一缔约国境内的投资者。”同时该条第四款规定了国民待遇和最惠国待遇受DTA限制。

3）意大利BIT范本

意大利BIT范本（2003年）采用了附属型税收措施排除方式。范本中第三条为国民待遇和最惠国待遇条款。其中规定了国民待遇和最惠国待遇受到意大利签订的双重征税协定限制。奥地利 BIT 范本模式基本与意大利 BIT 范本模式相同。

(二)专款型税收措施排除

1. 概念

所谓专款型税收措施排除是指在国际投资协定中设立专门条款单独对税收措施的适用进行规定。该条款作为国际投资协定中的单列条款存在,适用于整个国际投资协定。美国、加拿大等北美国家以及部分欧洲国家 BIT 采用了此范本。荷兰 2018 年 BIT 范本在 2004 年 BIT 范本的基础上进行了多方面的修改,第十条为专门的财政待遇条款。第十条规定:"在税收、费用、收费以及财政性质的减少和免除方面,每一缔约方应对在本国境内的投资经营、管理、维护等给予缔约方本国投资者相同的待遇。对于在其领土内的投资,其待遇不低于给予其本国投资者或任何处于相同情况的第三国的投资者待遇。但是,为此目的,该缔约方给予的任何特殊财政优惠均不应予以考虑……"对该类税收措施的国民待遇和最惠国待遇适用进行了 DTA 限制。除此之外,目前部分区域协定中的投资章节也采用了这种专款型排除方式对税收措施进行适用。这种税收条款通过条或款的方式将税收措施在国际投资协定中的适用做出详尽的规定。

2. 典型 BIT 范本实践

一直以来,美国 BIT 范本坚持采用专款型税收措施排除方式。美国 BIT 范本是基于德国 BIT 范本发展而来的。美国 BIT 范本中的排除税收措施适用条款大约经历了三个发展阶段。

1)1983 年范本

美国 1983 年 BIT 范本第十一条规定了税收条款。其第一款规定,在税收政策方面,缔约各方在有关投资待遇方面应该努力赋予公平公正,该条款将税收政策应享有的 BIT 公平公正待遇予以明确规定。但是,该条款确立的公平公正义务仅仅是督促性义务，并非命令性义务[①]。在早期BIT缔结中，美国作为资本输出大国，高度重视本国投资者在海外投资过程中的税收待遇。

美国1983年BIT范本第十一条第二款规定，BIT范本所规定的投资者-东道国争端条款仅仅在三个方面适用于税收事项，分别是征收、汇兑和投资协议或者投资授权的遵守与执行。美国BIT范本同意将投资者-东道国国际仲裁机制适用于税收事项引起的征收、汇兑事项，投资协定或者投资授权的遵守与执行中的税收事项适用于投资-东道国国际仲裁。同时，美国1983年BIT范本明确了DTA争议解决机制和BIT争议解决机制在税收事项上的序位。具体而言，如果与投资协议或者投资授权有关的涉税争议属于美国DTA争议解决范围，那么投资者首先应按照DTA争议解决条款进行争议处理。只有该争议在合理期限内未解决，争议才可以提交BIT仲裁解决。这是美国既不愿意破坏已有的DTA争端解决机制，又希望为海外投资者投资争议提供决策[②]的方法。

2)1994年范本

美国1994年BIT范本第十三条规定了税收条款。范本第十三条首先删除了1983年范本第一款的规定，税收政策不再享有BIT中的公平公正待遇。1994年BIT范本第十三条第一款规定除(a)项规定的第三条征收，与征收有关的争议可适用于第九条投资者-国家争端、第十条国家-国家争端以及(b)项规定的与投资协议或投资授权相关的税收事项争议提交投资者-国家仲裁的具体程序外，BIT条款不适用税收事项。无论投资者涉税争议所依据的实体请求权基础是什么，只要与投资协议或者投资授权相关的涉税争议权利基础来源于投资协议或者投资授权，投资者就可以提交投资者-东道国国际仲裁。这一规定在美国与厄瓜多尔的OEPC增值税返还案件中得到解释。

美国1994年BIT范本第十三条第二款从程序上限定征收对税收事项的适用。该条款规定："投资者(国民或者公司)将税收事项是否构成征收的争议提交缔约双方主管税务机关。只有双方主管税务机关在投资者提交该争议后9个月内未能共

①范德威尔德.美国国际投资协定[M].蔡从燕，朱明新，等译.北京：法律出版社，2017：482.

②VANDEVELDE K. U. S. international investment agreements[M]. 1st ed. New York: Oxford University Press, 2009: 444.

同认定不构成征收时，投资者才可以把税收事项是否构成征收的争议提交投资者-国家争端仲裁。”若主管税务机关在 9 个月内共同认定税收事项不构成征收，则投资者无权将此争议提交仲裁。缔约国税收主管机关对税收事宜提交仲裁解决的否决权并不依赖于缔约国之间必然存在 DTA。也就是说，即使缔约国之间不存在有效的 DTA，BIT 条约仍然赋予双方主管税务机关共同决定是否提交仲裁的否决权。美国 1994 年 BIT 范本第十三条第二款规定了投资者母国与东道国主管税务机关对税收事项的处理权，防止投资者滥用 BIT 条款对主权国家税收事宜进行起诉，这与美国高度重视 BIT 中的税收主权观念相吻合。

美国 1998 年 BIT 范本第十三条税收条款对 1994 年 BIT 范本第十三条未进行实质性修改，仅仅是将 1994 年 BIT 范本第十三条第二款拆分为 1998 年 BIT 范本第十三条第二款和第三款。除此之外，1998 年 BIT 范本第十三条第二款和第三款将“税收事项”是否构成征收的表述改为“税收措施”是否构成征收的表述。

3)2004 年范本

美国 2004 年 BIT 范本第二十一条规定了税收条款。第二十一条通过以下四款对税收措施在 BIT 中的适用做出详细规定：

第二十一条第一款规定，“除了本税收条款的专门规定外，本协定 A 部分中的任何条款不适用于税收措施”，也就是说 BIT 中 A 部分实体待遇义务全面排除了税收措施的适用。第二十一条第二款对税收措施是否适用于征收条款做出规定。投资者可以将税收措施是否构成征收的争议提交仲裁，但具有一定的前置条件：首先，投资者应将税收措施是否构成征收的争议书面提交缔约国主管税务机关协商解决。其次，若双方主管税务机关在 180 日以内未能共同认定不构成征收，则投资者可以将该税收措施是否构成征收的争议提交仲裁。第二十一条第三款规定第八条履行要求条款的第二、三、四款应当适用于税收措施。第二十一条第四款规定 BIT 条款不得影响缔约方在税收条约方面的权利义务。若 BIT 与税收条约规定的权利义务不一致，则应优先适用税收条约。同时，税收条约中规定的主管税务机关对 BIT 与税收条约方面的权利和义务冲突具有认定权。

美国 2004 年 BIT 范本的税收条款增加了一些实质性内容，对要求履行的税收措施做出了补充性规定，确定了主管税务机关对条约间税收权利和义务冲突的认定权，实质上扩大了BIT税收条款的内容。美国2012年BIT范本第二十一条为税收条款，该税收条款的内容与2004年BIT范本第二十一条税收条款内容基本相同，2012年BIT范本对税收条款的内容未进行实质性更改。

美国三代BIT范本均采用专款型税收措施排除方式，美式BIT范本的税收条款内容越来越细化。同时，美式BIT范本强调税收当局在BIT框架中的作用，这是美国BIT范本税收条款政策化的体现，他们一直寻求着投资者和国家间的某种平衡①。

3.典型区域协定实践

1)《北美自由贸易协定》

美国、墨西哥、加拿大为《北美自由贸易协定》成员国。《北美自由贸易协定》第11章为投资章节，该章节对投资保护进行了规定。《北美自由贸易协定》采用了专款型税收措施排除方式对本协定中的税收措施适用进行规定。《北美自由贸易协定》第2103条规定，"除本条款规定外，本协定不适用于税收措施"。国民待遇和最惠国待遇不适用于税收措施(但某些特定的税种除外，即有些特定税种在国民待遇和最惠国待遇中适用)。投资者可以基于征收条款提出征收索赔请求，但必须适用共同否决条款。共同否决条款赋予投资者所在国主管税务机关和东道国主管税务机关在一定期限内共同做出裁定的权利。虽然2018年的《美国-墨西哥-加拿大协定》内容在《北美自由贸易协定》的基础上做出了某些重要变化②，但就税收措施适用而言，基本保存了原《北美自由贸易协定》的法律框架。

2)《东南非共同市场条约》

东部和南部非洲共同市场(东南非共同市场)自由贸易区包括19个非洲国家，制定《东南非共同市场条约》，成员国均是该国际投资协议的缔约方。该条约规定了投资者-东道国国际仲裁范围。该条约第二十三条排除了税收在本协定的适用。但是，税收征收索赔请求可以通过共同否决程序提起。

---

①潘锐，熊莉.双层博弈视角下美国投资者-国家争端解决机制的演进[J].美国研究，2019(3):26－42.

②张小波，李成.论《美国-墨西哥-加拿大协定》背景、新变化及对中国的影响[J].社会科学，2019(5):27－39.

3)1994年《能源宪章条约》

《能源宪章条约》(ECT)旨在促进国际能源领域合作,涵盖了国际能源合作的所有形式,即投资、贸易、过境运输和能源效率。它倡导在非歧视原则基础上,为鼓励私人投资流动和私营企业参与创造条件。ECT包含一个全面的投资章节,规定了投资者-国家国际仲裁条款。第二十一条规定:“除本条款另有规定外,本条约不能赋予缔约方关于征税措施的权利或规定其义务。若本条款与任何其他条款之间存在不一致之处,则以本条款为准。”投资者可以就税收国民待遇和最惠国待遇提起仲裁,但必须符合列举的具体例外适用情形。第二十一条第五款包含了一项共同否决条款:提请税收征收仲裁请求的投资者必须先将该仲裁请求提交给东道国和本国的主管税务机关,两国主管税务机关必须“努力”在6个月内决定被控诉的国家措施是否构成征收。仲裁庭可能会考虑当局主管税务机关做出的决定,但不受其结论的影响。仲裁庭对税收措施例外需要重新进行审视。

二、实体义务排除和争端解决机制排除

从内容上看,目前国际投资协定主要通过实体义务排除和争端解决机制排除两方面对跨国直接投资进行保护,以平衡投资者和东道国利益。因此,国际投资协定中的实体义务条款和程序义务条款对税收措施的适用也体现了东道国对投资的保护态度和程度。

(一)实体义务排除税收措施

无论国际投资协定采用附属型税收措施排除还是专款型税收措施排除,无一例外都可能涉及国际投资协定实体义务排除,或是部分排除,或是全部排除。常见的实体义务排除可以概括为公平公正待遇排除税收措施、国民待遇排除税收措施、最惠国待遇排除税收措施、征收排除税收措施和自由转移排除税收措施。

1. 投资待遇排除税收措施

投资待遇排除税收措施是指投资待遇条款对税收措施的适用做出排除规定。国际投资协定中的投资待遇一般体现为公平公正待遇、国民待遇、最惠国待遇。结合双边投资协定缔约实践,缔约国BIT或将投资待遇统一进行税收措施排除,或将

三种投资待遇逐一进行税收措施排除，或按公平公正待遇、国民待遇和最惠国待遇两类分别进行税收措施排除等。无论何种形式，适用的基本思路都是首先允许各类投资待遇适用于税收措施，然后通过投资待遇条款对税收措施的适用进行不同程度的例外排除，也就是肯定之后的否定。例如，《韩国-乌拉圭回合》第三条的内容：第一和第二款规定的国民待遇和最惠国待遇不适用于……(c)税收措施。

各国根据缔结双方利益会选择公平公正待遇和国民待遇全部排除或者部分排除税收措施。例如：2008 年《中华人民共和国政府和墨西哥合众国政府关于促进和相互保护投资的协定》第二章第三条规定了投资保护的国民待遇，该国民待遇条款进行了税收措施排除。

就最惠国待遇而言，各国 BIT 几乎无一例外地在最惠国待遇中排除税收措施的适用。也就是说最惠国待遇条款中一般都具有税收措施的约束性规定。主权国家之间签订的避免双重征税协定一般都具有互惠性，双重征税协定是建立在互惠性原则基础之上的。因此，缔约国一方根据某一双边或多边协定提供给该协定对方居民或国民以税收待遇，完全基于该协定缔约国之间具体的经济关系[①]。双重征税协定中不存在最惠国待遇，即使存在也仅仅限定于非常细节性的特定问题[②]。这是为了避免各主权国间的所得税差异产生将双重征税协定的双边效应变成多边效应，从而发生“搭便车”现象[③]。国际投资领域的投资者属于双重征税协定中的跨国纳税人，为了避免与双重征税协定发生明显冲突，国际投资协定合理地排除最惠国待遇税收措施，这符合国际社会条约实践的主流。

2. 投资保护排除税收措施

1)征收对税收措施的普遍适用

税收的竞争性特征表现为正常税收和非正常税收(利用税收外壳却具有破坏性)，这两者在获得外国投资者财产的表面几乎没有多大区别。正如一位美国最高法院法官所说“税收权力是摧毁的力量”。并非所有的政府在征收时都出于善意，政府权力可以直接或者间接剥夺一个财产所有者的财产所有权。其中“渐进式征

①OECD 范本和 UN 范本第二十四条注释第二段。

②张泽平. 国际税收协定中非歧视条款之内涵辨析[J]. 华东政法大学学报，2018(2)：165－175.

③蔡从燕. 国际投资条约实践中的税收措施问题[J]. 武大国际法评论，2010(2)：129－149.

收”就有可能在某种程度上涉及东道国利用税收措施强迫企业所有者放弃企业，简单的一种措施就是对它的经济利益进行征税；另一种措施就是授予该企业投资者的竞争者以更有利的税收待遇。这些明显的税收措施，虽没有明确规定可构成征收，但都已经涉及武断地剥夺投资者的资产的情况，这种剥夺是通过一系列措施进行的，即利用“税收”这种合法形式①。

20 世纪 50、60 年代是第三世界国家民族独立运动的高潮，伴随着民族独立运动的进行，随之而来的是国有化运动，此时“征收风险”是政治风险中的典型风险。20 世纪 80 年代以后，第三世界国家相继开始独立发展本国经济，法治化进程加快。这种通过税收措施占有外国投资者的方式不会像直接征收那么引人注目，政府权力在税收措施中的滥用要比“可替代的、正式的、无偿的征用”更难识别。这种措施的效果可以等同于直接征收带来的经济效应，但是这种通过税收变通的方式去侵犯投资者所有权的利益一般很难被发现和被审查。这种方式是政府利益驱动的结果，过去使用、现在也在使用。无论怎样，各国都希望通过国家法律机制让这种非法行为得到规制。然而，这种基于政府利益的税收措施很难寄希望于国内法予以规制，只能寄希望于国际条约对国家行为予以规制。

在国际实践中，国际投资协定的征收条款适用于税收措施比较常见。一方面，基于历史原因，BIT 产生之初的 20 世纪 60 年代左右就出现了利用税收措施进行直接征收的现象。直到今天，税收措施是否构成征收依然是国际投资法领域的热点问题，更多争议聚焦在间接征收。另一方面，税收措施一旦构成征收，对投资者的投资利益将产生颠覆性影响。因此，对直接投资过程中的征收风险防范，尤其是防范通过税收措施进行的征收，是投资者必须关注和重视的内容。特别强调的是，正如美国原国务卿沃伦·迈纳·克里斯托弗所解释的“具有征收性的税收、投资合同或者投资授权中的税收条款这两个问题在国际投资协定中较为显著”②，因此，国际投资协定是约束征收性税收的文件，国际投资协定的征收条款对税收措施完全适用，符合主流实践。在缔约实践中，国际投资协定中的征收条款较少存在对税

①WALDE T, KOLO A. Investor-state disputes: the interface between treat－based international investment protection and fiscal sovereignty[J]. Intertax, 2007(35): 424－429.

②刘素霞. 中美双边投资协定税收条款比较及中国的策应[J]. 亚太经济，2015(5)：91－96.

收措施的排除。

2)征收排除税收措施的特定方式

实践中,虽然国际投资协定中的征收条款普遍适用于税收措施,但基于税收主权原则,对于正常行使税收主权而非滥用税收主权的东道国而言仍然不希望将涉税争议提交国际仲裁,因为国际仲裁对税收措施的审查会危及国家税收主权。为了解决这一顾虑,防止投资者滥用国际仲裁诉权给东道国带来经济损失或者危害东道国税收主权,少量的国际投资协定规定,当投资者-东道国之间因税收措施是否构成征收产生争议时,首先需要缔约双方主管税务机关共同认定该税收措施是否构成征收。只有当东道国和投资者国家的主管税务机关未能共同一致认为不构成征收时,投资者才可以将东道国税收措施是否构成征收的投资争议提交国际仲裁。征收条款对税收措施限制的特定方式在《北美自由贸易协定》(以下简称NAFTA)中有明确规定。NAFTA 规定主管税务机关有 6 个月时间可以解决该问题,并且可以否决任何涉及税收措施的国际仲裁。

NAFTA 第一部分第 11 章规定了跨境投资的一些实际规则,第二部分规定国际仲裁是投资者针对东道国违反条约义务的救济方式。投资者可以以自己的名义,也可以以投资者所拥有(直接拥有或者间接拥有)企业的名义提起国际仲裁。NAFTA 允许利益被侵犯的投资者拥有以下选择:①ICSID 的仲裁;②联合国国际贸易法委员会(UNCITRAL)仲裁。除非另有协议约定,否则仲裁的地点必须是在NAFTA 和《纽约公约》成员国的一国主权领土范围内。

征收排除税收措施的特定方式在 NAFTA 中是指税收否决征收制度,具体而言是指如果投资者因东道国通过“税收措施”进行征收提起投资仲裁,当事国的税收主管部门有权否定投资者进行仲裁的权利。投资者将东道国诉诸国际仲裁需要设立前置条件,应先将该“税收措施”争议提交相关税收主管部门。投资者只有在“税收主管部门不同意协商该问题或者已经同意协商但是双方未能一致认为该税收措施不是征收”时才可以进行仲裁。“消极僵局”规定给予税收主管部门 6 个月时间来解决这一争议。如果成功,征收不再适用于税收措施;如果失败,投资者可以选择进行国际投资仲裁。“税收否决”仅在符合 NAFTA 第 1110 款的不合理征收否决时才可以适用。相反,如果起诉东道国违反了 NAFTA 条约的其他义务(例如：公平公正待遇），各国税收主管部门就不再具有否决权，所以将其称为征收排除税收措施的特定方式。

（二）争端解决机制排除税收措施

国际投资协定中的程序制度是指国际投资争议的争端解决机制。从争议主体角度来看，争端解决机制可以分为国家-国家间争端解决机制和投资者-东道国争端解决机制。本书所述的争端解决机制仅指投资者-东道国争端解决机制，国家间争端解决机制不属于本书研究范围。国际仲裁是世界各国普遍接受的解决投资者-东道国争端解决的方式。若国际投资协定未明确约定投资者-东道国国际仲裁不适用税收措施，则东道国税收措施所引起的投资者-东道国争议可能适用于国际仲裁方式①。主权国家认为投资者-东道国争端解决机制的国际仲裁方式会危及国家税收主权。虽然面临此挑战，但是基于国际投资争端解决的"去政治化"要求，直接对争端解决机制排除适用并不常见。一般通过条约对国际仲裁庭争议范围授权的方式来限制国际仲裁庭管辖权。

国际仲裁庭对争议的管辖权来自国际投资协定缔约国的授权，国际投资协定缔约国授权国际仲裁庭解决争议的范围决定了国际仲裁庭的实际权限②。在实践过程中，国际仲裁庭首先需要确定争议管辖权；其次确定审查主体是否违反了条约义务；最后确定主体违反条约义务后的赔偿问题。管辖权是投资者-东道国投资争议的闸门，也是第一道关口。

就国际投资协定对税收措施的适用来看，争议解决条款同样适用于因东道国税收措施引起的投资者-东道国国际仲裁。也就是说，若国际投资协定未明确排除，则投资者可以依据投资者-东道国投资争议条款就东道国税收措施提交国际仲裁。实践中，国际投资协定授权范围可以对税收措施适用产生排除效果。因此，按照缔约国授权国际仲裁庭解决争议的范围来看，东道国税收措施所产生的投资者-东道国争议是否属于缔约国授权国际仲裁庭的争议解决范围是本部分内容的逻辑起点。

---

①美国 2012 年 BIT 范本采用专款型方式排除了国际仲裁适用于税收措施，但是又通过例外方式确认了争端解决机制适用税收措施的范围。

②沈伟. 论中国双边投资协定中限制性投资争端解决条款的解释和适用[J]. 中外法学，2012(5)：168－190.

1. 全面授权

采用全面授权方式的国际投资协定一般会在争议解决条款中采用这样的表述:“与投资有关的任何法律争议”“投资产生的争议”“任何争议”“条约争议”可提交国际仲裁。这类投资争议的范围较为宽泛,授权范围可以对外资提供全面保护,最大限度地增强投资者在投资安全方面的信心[①]。在全面授权模式下,国际投资协定任何争议均可以提交仲裁,投资者提起投资仲裁几乎没有投资争议范围的障碍,这在某种程度上也增加了投资者滥用诉权的可能[②]。国际投资协定争议解决范围允许一起条约争议提交国际仲裁,并没有将税收措施所引起的投资者-东道国争议排除国际仲裁庭管辖。全面授权范围确立国际仲裁庭对税收措施的审查,东道国税收措施所产生的投资者-东道国投资争议可以提交国际仲裁庭解决。

2. 列举授权

列举授权是指国际投资协定将投资者-东道国之间的部分投资争议管辖权授予国际仲裁庭。这类授权模式明确将投资者-东道国争议解决的范围予以规定,未明确授权的争议范围不属于国际仲裁庭管辖。中国第二代 BIT 采用了这种授权方式。1985 年中国-新加坡 BIT 第六条规定:“关于由征收、国有化或其效果相当于征收、国有化的其他措施产生的补偿款额的争议,可将争议提交由双方组成的国际仲裁庭仲裁。”在双方自愿的基础上,缔约国采用列举授权方式赋予国际仲裁庭管辖权,实际确认了提交争议的仲裁范围。若同意范围中没有涉及税收措施的适用,则表明争端解决机制不适用于税收措施。除此之外,列举授权模式实际也包含了全面排除争端解决机制的适用,同时又例外赋予授权。美国、加拿大是此类实践的典型国家。

在国际投资实践中,国际仲裁庭的管辖权长期呈现扩大趋势[③]。国际仲裁庭对缔约国限定于征收事项的列举授权[④],出现了管辖权不一致的裁决现象。在“香

---

①陈安. 国际投资法的新发展与中国双边投资条约的新实践[M]. 上海:复旦大学出版社,2007:395.

②陶立峰. 投资者与国家争端解决机制的变革发展及中国的选择[J]. 当代法学,2019,33(6):37-49.

③徐崇利. 晚近国际投资争端解决实践之评判:“全球治理”理论的引入[J]. 法学家,2010(3):143-153.

④列举授权的表述:“由征收、国有化或其效果相当于征收、国有化的其他措施发生的补偿款额的争议。”

港居民谢业深诉秘鲁政府案”“世能公司诉老挝案”“北京城建公司诉也门案”等典型案件中,国际仲裁庭采用广泛解释法确立了对东道国所采取的措施是否构成征收的争议管辖权。然而,在黑龙江国际经济技术合作公司诉蒙古政府案件中,国际仲裁庭认为蒙古政府仅同意将“涉及征收补偿款额的争议”提交仲裁,仲裁庭对中国投资者提出的全部仲裁请求无管辖权。

因此,就目前东道国措施引起的征收及相关补偿额的争议而言,国际仲裁庭实践带来了税收措施在这类仲裁事项中提交国际仲裁的不确定性,这类与征收有关的事项是否全部授权国际仲裁庭管辖,国际仲裁庭对东道国税收措施是否构成征收的涉税争议都具有不确定性。

第三章　国际投资协定中税收措施适用的法律分析

国际投资协定属于国际投资法的重要组成部分，它对协定的缔约双方具有法律拘束力。东道国采取税收措施属于国家行为。当东道国税收措施违反国际投资协定侵犯投资者的投资利益时，投资者可以以东道国税收措施违反了公平公正待遇、国民待遇、最惠国待遇以及征收条款等内容，以国际投资协定中的保护标准为请求权基础向国际仲裁庭提出赔偿请求。因此，研究国际投资协定中实体待遇和保护条款对税收措施的法律适用具有重要意义。

第一节公平公正待遇对税收措施的法律适用，首先探讨国际投资协定中公平公正待遇应尽量排除税收措施的适用，原因在于公平公正待遇标准存在较大的可诉性；其次，通过研究税收措施违反公平公正待遇标准的实践，得出就税收措施而言，税收措施违反公平公正待遇主要表现在违反稳定性原则、正当程序原则和透明度原则。第二节无差别待遇对税收措施的法律适用，主要探讨税收措施所引起的国民待遇义务标准与双边税收协定中的非歧视待遇标准的区别，得出税收措施可能产生 BIT 和 DTA 非歧视待遇冲突，国际投资协定应尽量将无差别待遇排除适用。第三节间接征收对税收措施的法律适用，结合国际投资仲裁实践，总结税收措施构成间接征收的主客观标准。第四节争端解决机制对东道国税收措施的法律适用影响，通过将投资者-东道国国际仲裁对税收措施的适用与 DTA 中的税收争议争端解决进行比较研究，得出投资者-东道国国际仲裁对税收措施的适用将对国家税收主权产生重要影响，并可能异化出一条投资者寻求涉税争议解决路径的新通道的结论。

第一节　公平公正待遇对税收措施的法律适用

公平公正待遇条款是投资保护中的绝对待遇标准条款，是国际投资协定中的核心条款。国际投资协定中的公平公正待遇内容如何理解，理论上和实践中一直存在分歧。对于这一存在争议的公平公正待遇标准条款，国际投资协定中的税收措施如何适用，公平公正待遇适用于税收措施将会产生哪些法律问题和法律风险，这都是正确处理公平公正待遇对税收措施的法律适用需要考虑的法律问题。

一、公平公正待遇对税收措施适用的法律风险

公平公正待遇义务是国际投资协定下东道国应当承担的国际义务，东道国应当对外国投资及投资者给予公平公正待遇。国际投资协定中的公平公正待遇义务在税收措施的适用方面较之于其他国际条约，呈现出以下两大法律风险。

（一）加重国际投资协定中的东道国义务

一般而言，在国际投资中，税收措施的重要作用是作为东道国的政策工具，为东道国本国经济发展或者宏观调控留足政策空间，如东道国可以在环境保护、劳工、能源工程等方面进行税收政策调控。较之于国际税收协定而言，公平公正待遇独立于国民待遇、最惠国待遇，是国际投资协定的独有待遇标准，这一独有的公平公正待遇标准加重了东道国为本国税收措施应当承担的国际义务。从这一点来看，国际投资协定下的东道国在税收措施方面比国际税收协定下的东道国在税收措施方面承受的国际义务更重。东道国国际义务的加重实际就意味着提高了投资者的保护标准，这有可能演化为投资者寻求利益保护的另一途径。在国际投资仲裁实践中，申请人在涉税争议中无论是否提出别的仲裁请求，都会基于东道国税收措施违反公平公正待遇义务提出巨额索赔请求。因此，公平公正待遇义务如同一个无所不能的条款，投资者可以无边际地基于此条款提出仲裁赔偿请求。

（二）公平公正待遇内容的不确定性加大了东道国税收措施的法律风险

公平公正待遇在国际投资协定中一般是以独立条款和与国际法最低标准相联

系的表述方式而存在的[①]。以独立条款表述的公平公正待遇条款，其内容一般具有抽象性和不确定性。此类公平公正待遇条款对具体内容无法列举，条款表述仅停留在对公平、公正的抽象表述上；与国际法最低标准相联系的公平公正待遇所涉内涵并非绝对静止，国际法或国际习惯法的内容会随着国际投资实践的发展而不断变化，与国际法最低标准相联系的公平公正待遇内容亦会随着国际法内容的变化而变化。蒙德弗国际有限公司诉美国案的仲裁庭认为“最低标准的内容不能再局限于19世纪20年代的仲裁裁决所认定的内容”。因此，公平公正待遇标准的抽象性和不确定性带来了国际仲裁结果的不可预测性。

公平公正待遇内容的抽象性和模糊性要求仲裁员在缺少客观标准的情况下对税收措施是否违反公平公正待遇标准做出实质性判断。这给东道国税收主权加大了法律风险：一是公平公正待遇内容的抽象性将加大国际投资仲裁庭对主权国家税收措施的审查。抽象性给仲裁庭提供了解释的空间和范围，也扩大了仲裁庭解释税收措施应提供的公平公正待遇标准范围。二是公平公正待遇内容的抽象性可能增大涉税投资争议的败诉风险。主权国家所承担的这一项开放的、具有主观因素的条约义务，给申请人提供了向仲裁庭提出东道国所采取的、与其他国家措施完全不同的税收措施违反公平公正待遇的诉求机会，从而要求该主权国家承担国家责任。也就是说，申请人可以主张某税收措施“特殊且不公平”。一旦仲裁庭的解释赋予了公平公正待遇新内容，则东道国税收措施应当遵守的条约标准就会提高。这无疑增加了东道国涉税投资争议的败诉风险。

基于上述两点，笔者认为公平公正待遇对税收措施的适用应倾向于排除适用，特别对于那些公平公正待遇条款过于简单化处理的协定。提高公平公正待遇内容的确定性是公平公正待遇适用于税收措施应关注的第一问题，也是需要首先解决的问题。

二、认定税收措施违反公平公正待遇的实践

虽然笔者倾向于公平公正待遇对税收措施应排除适用的基本观点，但是在缔约实践中东道国绝非绝对排除，实践中也存在一些东道国将税收措施适用于公平

①梁开银. 公平公正待遇条款的法方法困境及出路[J]. 中国法学，2015(6)：179－199.

公正待遇的情况。从适用情况来看,国际投资协定中一般含有公平公正待遇条款,该条款规定了对外国投资及其投资者给予公平和公正待遇。但大多数国家BIT对该标准缺乏具体规定。公平公正待遇标准内容缺乏统一标准,内容要素过于灵活已经成为公平公正待遇标准的特征之一。在国际社会中,公平公正待遇标准的界定和发展经历了以双边投资保护协定为基础、独立界定单一要素、多重要素分析的三个阶段[①]。国际仲裁庭对公平公正待遇解释的争议焦点主要在该待遇标准所包含的特定要素有哪些。西方学者将东道国政府违反公平与公正待遇标准的情形总结为缺乏透明度、损害合法期待、违反正当程序、专断或歧视性行为、未提供稳定的和可预见的法律及商务框架、非歧视非善意以及未尽适当审慎之义务等内涵[②]。我国学者对公平公正待遇标准的内容亦仁者见仁智者见智[③]。徐崇利教授认为公平公正待遇的内涵应按照国际习惯法的构成要件检验。公平与公正待遇的内容应限定为具体的"国际最低待遇",即东道国政府不得粗暴地违反正当程序和实行明显的专断性措施,不得采取歧视性行为[④]。公平公正待遇标准的内涵应当仅限于违反正当程序、实行明显的专断性措施以及不采取歧视性行为,而不应赋予其他标准。

在众多涉及国际投资仲裁的案件中,仲裁庭也在努力界定公平公正待遇的含义和要素[⑤]。仲裁实践表明,公平公正待遇标准是一项弹性标准,仲裁裁决本质上只能提供一份公平公正待遇可能遭到违反的反式清单,很难在一份仲裁裁决中提供清晰的违反公平公正待遇的具体方式。因此,笔者以现有的涉税投资争议仲裁裁决为研究资料,对国际仲裁庭对税收措施违反公平公正待遇的具体内涵进行分析,总结出现阶段仲裁庭认定税收措施违反公平公正待遇的内涵标准。

(一)公平公正待遇与稳定性原则

投资者基于稳定性原则主张公平公正待遇的诉求较为常见,投资者认为东道

---

①张正怡.能源类国际投资争端法律问题研究[M].北京:法律出版社,2014:112.

②徐崇利.公平与公正待遇标准:国际投资法中的"帝王条款"[J].现代法学,2008(5):123-134.

③王衡,惠坤在《国际投资法之公平公正待遇》一文中指出,东道国违反公平公正待遇的情形大致包括司法不公、透明度不足、损害外国投资者合法期待、未提供稳定的和可预见的法律及商务框架。

④徐崇利.公平与公正待遇:真义之解读[J].法商研究,2010(3):59-68.

⑤SCHREUER C. Fair and equitable treatment in arbitral practice[J]. Journal of World Investment and Trade, 2005(6): 357-386.

国前后不一致的税收法律违反了公平公正待遇。在投资者看来，东道国税收措施的稳定性原则要求东道国为投资者提供一个稳定的法律环境，投资者在投资开始与运营期间的税收法律不得改变。实际上，这种稳定性并非要求东道国在不同时期始终负有与保证内容一致的税收措施的一般义务，任何时期都不能改变该义务；相反，东道国基于国家主权完全可以改变税收法律和税收政策。东道国税收措施的改变是否违反稳定性原则在于投资者是否有权利要求东道国提供稳定的法律环境。当东道国对税收措施做出了一种确定的承诺且采取了前后不一致的行动时，仲裁庭会做出违反公平公正待遇的认定。

近年来，不少学者表示提供稳定和可预测的法律框架是公平公正待遇的要素。笔者认为，将稳定和可预测的法律框架解读为公平公正待遇的实质要素标准是对仲裁裁决的错误解读。公平公正待遇标准的稳定性原则不能解读为公平公正待遇标准包含了提供稳定和可预测的法律。法律稳定性原则在公平公正待遇标准的适用方面应具备以下两个条件。

1. 东道国税收措施的稳定性承诺

税收措施违反公平公正待遇稳定性原则的第一个构成要素是东道国对税收措施的稳定性进行承诺。这种承诺可以通过条约方式，也可以通过合同方式进行。合同方式常表现为东道国与投资者之间的投资协议。阿根廷和厄瓜多尔为了应对本国的不利经济形势采取了一系列经济措施，这些经济措施一度掀起了国际投资仲裁的高潮。如投资者诉求提及东道国违反了公平公正待遇且仲裁庭认定东道国相关措施违反了公平公正待遇的稳定性原则的典型案例有 OEPC 诉厄瓜多尔案（2004 年增值税案）、Enron 诉阿根廷案等。

在分析投资者针对阿根廷修改或者改变一系列措施违反 BIT 公平公正待遇时，仲裁庭首先指出："分析阿根廷是否违反了公平公正待遇义务需要认定的关键问题是阿根廷采取的这一系列措施是否违反了阿根廷应达到的保护标准。如果本条约同大多数的 BIT 一样，并没有就公平公正待遇应当达到什么样的标准进行具体规定，那么公平公正待遇标准就显得模糊不清。"接着，仲裁庭从条约目的分析，认为："条约宗旨是为投资创造稳定的投资环境和最大限度地获取经济资源的有效保障。从条约宗旨的角度来看，公平公正待遇标准已经包含了商业环境和法律的稳定性，二者不可分割。”最后，仲裁庭指出：“条约规定的公平公正待遇标准是否要求提供商业环境和法律的稳定性与可预见性，仅仅基于法律与合同义务。它与最低国际待遇标准或者更高的条约标准是否相同并不重要。”

在 OEPC 诉厄瓜多尔案件（2004 年增值税案）中，仲裁庭分析厄瓜多尔拒绝退还增值税是否构成了公平公正待遇时，也从 BIT 条约目的角度分析了本条约中的公平公正待遇标准是否包含了税收法律的稳定性；在杜克能源诉厄瓜多尔案件中，仲裁庭采用了同样的方法分析了东道国是否有义务依照公平公正待遇标准提供稳定的税收法律，从条约序言宗旨的条款得出了公平公正待遇标准包含了税收法律的稳定性。同样，某天然气运输公司诉阿根廷、西班牙某公司诉墨西哥、西方勘探与生产公司诉厄瓜多尔裁决按照同样的思路进行了分析。

通过仲裁庭的裁决分析可以看出，提供稳定的法律和商业环境并非公平公正待遇理应包含的内容。就税收措施而言，稳定的税收法律和商业环境成为公平公正待遇的实质性要素的前提条件是东道国对税收稳定性做出承诺。无论是原则性的条约目的条款还是规则性的具体条约条款，或者是投资协议中的法律稳定性条款，均可以构成东道国提供稳定的税收法律和商业环境承诺的内容。正如仲裁庭所解释的那样：“公平公正待遇并不是必须固定法律框架，法律本身需要修改以适应变化的社会。但并不是说一个具体承诺做出后可以完全被摒弃，必须尊重契约精神。”若没有东道国对税收法律框架稳定性的承诺，则东道国税收法律措施和政策的改变并不必然导致违反公平公正待遇标准。

2. 投资者基于东道国承诺产生合理信赖

当东道国通过某种方式对本国税收措施的稳定性做出承诺时，投资者是否可以基于该承诺产生合理信赖或者合法期待，则是公平公正待遇与稳定性原则需要考量的第二个条件。投资者基于东道国承诺并非当然可以产生合理期待。在雷鸟公司诉墨西哥案中，由于仲裁申请人从事的赌博是非法活动，即使东道国做出了承诺，申请人也没有从事此类活动的合理预期。一般而言，投资者基于东道国的税收措施的稳定性承诺可以有一个合理的期待，无论这种期待是基于条约还是基于投资协议所产生的。

在 OEPC 诉厄瓜多尔案件（2004 年增值税案）中，厄瓜多尔拒绝返还增值税，理由是本案争议的增值税已经通过申请人与厄瓜多尔投资协议所规定的分成合同进行了返还，仲裁庭认定投资协议并未考虑增值税返还的问题。投资者认为厄瓜多尔拒绝返还增值税的行为违反了公平公正待遇。仲裁庭解释："本条约所规定的公平公正待遇要求提供稳定的法律和商业框架。强调这一问题在本案中并不是强调国际法框架下东道国是否应当返还增值税的问题，而是东道国法律和商业框架是否具备稳定性和可期待性。"仲裁庭进一步认为："投资者已经投资并开始运作的商业框架已经被厄瓜多尔税务局（简称 SRI）修改的税收措施改变。事实上，没有证据证明增值税已经在终止的分成合同中予以返还。厄瓜多尔的政策改变了东道国与仲裁申请人签订的分成合同的条件。"

因此，东道国对投资者税收措施的稳定性做出过某种承诺，且当投资者基于东道国行为产生合理期待而东道国又未能兑现该期待时，东道国税收措施违反了公平公正待遇标准。投资者的期待来自东道国的承诺。特别注意的是，不确定的、宽泛的东道国承诺一般不会给投资者带来合理的期待，投资者的期待必须是确定的某一期待。同时，投资者的合理期待也是认定东道国税收措施是否构成间接征收的标准之一，对于破坏投资者的合理期待究竟是违反了公平公正待遇标准还是构成了间接征收需要结合认定公平公正待遇标准的具体适用条件和认定间接征收的主客观标准综合考虑判定。

（二）公平公正待遇与正当程序原则

1. 正当程序原则的客观要求

在国际投资实践中，公平公正待遇标准包含了正当程序原则，这基本形成了共识。正当程序原则要求对程序的违反达到一定的法律要求。《布莱克法律词典》将"随意专制性"解释为"任意的、随意的""行为没有理由或依据""仅出于意愿考虑的"。国际法院在某案件中指出："随意专制并不是反对某条法律规则，而是反对法治。随意专制是故意漠视法定诉讼程序，违背司法正义。"因此，随意专制性强调了漠视法律这一要素[①]。在废物管理公司诉墨西哥案中，仲裁庭对不遵守正当程序进行了解释："公平公正待遇最低待遇标准的违反是指可归属于东道国的行为对申

①万猛. 国际投资争端解决中心案例导读 I [M]. 北京：法律出版社，2015：421.

请人造成了损害，东道国这一行为是随意的、专制的、不公平的、不公正的；或者是有差别待遇的、具有歧视性的、带有区域或种族偏见的；或者东道国该行为缺乏正当程序，如违反了司法程序或行政程序中的透明度原则，从而违反了申请人合理信赖的东道国保证。”

2. 正当程序原则的主观要求

国际仲裁实践均认同不遵守正当程序或随意的专制性措施违反公平公正待遇应具备无视法律正当程序或随意性行为这一标准，但是否应当具备主观恶意这一标准在国际仲裁实践中存在一定争议。有仲裁庭解释：“目前并没有国家实践、国际法院判决或者是相关评论意见认为恶意是不公平不公正待遇的重要因素。”也有仲裁庭解释：“公平公正待遇是一个客观标准，与被申请人采取措施时是否具有恶意无关。恶意不是违反义务的必要要素，仅仅是其行为的一个加重情节。”除此之外，国际仲裁实践中还有部分国际仲裁庭遵循了恶意不是公平公正待遇的必要要素这一裁决思路。

因此，缔约国国内税法明确赋予东道国主管税务机关明确或隐含的自由裁量权，例如确定免税期、减税、抵免和税收缴纳延期、税收调查、税收信息申报等，国内税法体系中也明确规定了上述国际法中所要求的正当程序原则。与国内税法规定相反，税收这一国内行政事项的正当程序在国际法中没有受到重视。对东道国国内行政事项违反了正当程序原则而构成公平公正待遇的违反，东道国完全可以采取国内措施来补救，例如行政诉讼或司法审查。若这些国内上诉或审查以否定正义的方式进行，那么东道国违反公平公正待遇标准的可能性进一步增大。否则，东道国对于国内行政事项中的税收措施可以采取一定的补救措施，基于此原则认定税收措施违反公平公正待遇的可能性就比较小。

然而，在全球税收体系中，在许多领域，主权国家对“合理”和“合法”行使征税权力仍然存在争议。例如：国家对一家集团公司给予不同税务待遇，一家位于避税天堂（A 国）的集团拥有一家在 B 国且具有全部资产的运营子公司，然后试图通过出售其在运营子公司的股份实现财产转移。投资者认为，股权转让使得资本增加，仅在 A 国征税。B 国却主张有权对整个集团征税。沃达丰印度公司卷入的与印度政府之间高达 20 亿美元价值的涉税投资争议就属于这一类型争端。如果 BIT 缔约国之间不能就这些重大问题达成一致意见，那么这些专业的仲裁员就会在这些税收措施是否构成"武断的"、不公平、不公正的待遇方面产生分歧。

（三）公平公正待遇与透明度原则

美国某案件中，当申请人就取得许可证的必要性向政府进行咨询时，被明确告知已获得许可证。然而，申请人之后却因无许可证而被迫责令停工。被申请人这一行为被认定为"未达到透明度要求"。仲裁庭将"透明度"解释为，一方缔约国应保证另一方缔约国的投资者知道其投资所需要满足的法律要求。如果外国投资者对相关法律要求有不明确或存有误解的地方，那么该缔约国政府有责任及时澄清，以保证投资者明确知道该怎么做才能满足该国的相关法律要求①。

仲裁庭的解释扩大了东道国税收主管机关的义务。东道国税务机关的税收政策对投资者做出投资决策有重要影响。东道国往往会采取相应的税收优惠政策以促进直接投资。但是东道国相关税收政策的透明度原则却仅仅要求税务机关及时公布相应的税收优惠政策，而不为投资者的税收优惠政策进行清晰的解释以保证投资者进一步理解。

三、公平公正待遇适用于税收措施的独立性

学界通常认为，公平公正待遇标准是绝对待遇标准。公平公正待遇作为投资实体待遇的重要内容之一，与国民待遇、最惠国待遇、征收等投资保护条款之间的关系如何？也就是说，当东道国税收措施违反了国际投资协定中的国民待遇、最惠国待遇或者构成征收时，是否也就构成了东道国违反国际投资协定中的公平公正待遇义务呢？

在国际仲裁实践中，投资者在指控东道国税收措施违反了公平公正待遇时，也会指控东道国税收措施违反了条约的其他条款。例如：泰克米公司诉墨西哥案中就涉及违反国际投资协定的其他条款义务和违反公平公正待遇两个问题。从国际仲裁实践来看，国际仲裁庭倾向于将公平公正待遇与国民待遇、最惠国待遇区分开，东道国违反国民待遇、最惠国待遇并不必然构成对公平公正待遇的违反，是否违反了公平公正待遇应当依照其自身的内涵标准予以确认。在泰克米公司诉墨西

①万猛．国际投资争端解决中心案例导读Ⅰ[M]．北京：法律出版社，2015：136.

哥案中，仲裁庭认定了被申请人的决议及其影响是征收行为，在解释被申请人是否履行了国际法的公平公正待遇义务时并未将被申请人的征收行为作为解释公平公正待遇的理由，而是从本案所涉《双边投资条约》第四条第一款规定的公平公正待遇条款本身进行解释，认为条款要求被申请人提供不影响投资者投资时期待的国际投资待遇，投资者希望东道国的政策清晰、透明。申请人在投资时的合理期待是墨西哥可适用于投资的法律以及墨西哥享有的为实现保护环境、公众健康和生态平衡目标而使用的监督、控制和惩罚等权利①。NAFTA 明确规定：违反了 NAFTA 的另一规定或者独立的国际协定的决定不能确定为也就违反了第 1105(1)条的规定②。

因此，违反国际投资协定中的其他条约义务不应理解为东道国行为已构成违反了公平公正待遇义务，公平公正待遇标准应按照自身标准内容进行审查。东道国税收措施是否违反了公平公正待遇并不受到税收措施与其他条约义务的影响。

综上所述，国际投资协定中的公平公正待遇对税收措施的违反实践主要体现在税收措施对稳定性原则、正当程序原则、透明度原则的违反。对于涉税投资争议常见的稳定性原则的违反可以通过减少东道国税收稳定性承诺予以规避，尤其是在条约宗旨中减少对法律的稳定性承诺。同时，公平公正待遇标准对税收措施的适用存在一定的法律风险。东道国需要根据缔结双边投资协定的利益需要，科学确定公平公正待遇对税收措施的适用范围。

第二节　无差别待遇对税收措施的法律适用

无差别待遇是国际法中的概念，但在不同的条约体系中其内涵有所不一。本书主要将国际投资协定和国际税收协定中的无差别待遇进行比较研究。本节无差别待遇所指向的内容与国际贸易规则使用的内容一致，包含国民待遇和最惠国待遇，但具体含义与贸易规则不同。本节从税收措施与国际投资协定中的国民待遇、税收措施与国际投资协定中的最惠国待遇两个方面进行研究。

国际投资协定中的国民待遇是指缔约一方应给予缔约另一方的投资者在其境

①万猛．国际投资争端解决中心案例导读[M]．北京：法律出版社，2015：349.

②卢进勇，余劲松，齐春生．国际投资条约与协定新论[M]．北京：人民出版社，2007：82.

内的投资及与投资有关活动不低于其给予本国投资者的投资及与投资有关活动的待遇。就税收措施而言，国际投资协定中的国民待遇则是指一国就税收措施给予投资者在其境内的投资税收待遇不得低于本国投资者投资的税收待遇，国籍标准是 BIT 税收国民待遇的起点。世界各国 DTA 范本中通常包含的无差别待遇一般参照 OECD 范本和 UN 范本第二十四条无差别待遇条款制定①。国际投资协定中所涉及的国民待遇与 DTA 中的国籍待遇标准内涵是否一致？有人认为，DTA 中的无差别待遇条款通常包括国籍非歧视、常设机构非歧视、支付非歧视和资本非歧视四类。笔者认为，DTA 中的无差别待遇中的"国籍"非歧视并非真正的国籍，它与国际投资协定国民待遇中的国籍有所区别。就最惠国待遇而言，DTA 一般不包括最惠国待遇内容②。

一、税收措施与国际投资协定中的国民待遇

国民待遇中的"相似/相同情形"是适用国民待遇标准的条件之一。但是何为"相似/相同情形"？世贸组织适用国民待遇标准是采用了"相同产品"这一标准，国际投资协定中缺乏对这一标准的认定，它的认定依赖于国际仲裁庭的解释。税收措施在国民待遇标准上的调整应被纳入国际投资协定和 DTA 中。DTA"国籍"待遇中的"相似/相同情形"标准与国际仲裁庭解释标准是否存在冲突？一旦存在冲突，势必需要通过国际投资协定中的国民待遇条款来处理二者之间的关系。否则，投资者必然会在二者之间选择更优待遇标准以保护自身投资。

（一）国际投资协定中的国民待遇"相似/相同情形"

何为 BIT 国民待遇条款中的"相似/ 相同情形"，相关的国际投资条约没有统一的解释方法。各国 BIT 条约文本也未在国民待遇条款中做出详细规定和解释。国际仲裁庭涉及税收措施与国民待遇的实践主要体现在四个案例中：马文 · 费尔德曼诉墨西哥、西方勘探开发公司诉厄瓜多尔、阿彻丹尼尔斯米德兰公司和泰莱配料美洲公司诉墨西哥、杜克能源诉厄瓜多尔。

①各国 DTA 关于税收非歧视待遇范本基本采用了 1977 年《经济合作与发展组织关于避免所得和财产双重征税的协定范本》以及 1979 年《联合国关于发达国家与发展中国家双重征税的协定范本》的表述方式，两大范本中"非歧视"条款的表述并无实质性差异。

②张智勇. 自由贸易区的所得税问题研究：中国的视角[J]. 中外法学，2015(5)：1249 - 1270.

1. 征纳环节的考量

在马文·费尔德曼诉墨西哥案件中，1997年12月1日，墨西哥相关法律再次修改，修改后禁止烟草分销商享受墨西哥税法所规定的税收减免。修正案还要求特定商品的出口商，诸如烟草类出口公司需要注册登记以后才能享受零税收政策。然而，由于申请人并不符合1997年修正案所规定的出口商要求且正在被金融部审计，未能成功注册登记。因此，被申请人在1997年12月1日停止给予申请人税收减免。申请人和被申请人均认可申请人并非墨西哥唯一的烟草分销出口商，墨西哥麦卡多一号和麦卡多二号也从事烟草分销。申请人认为，被申请人在拒绝给予申请人税收减免期间，麦卡多一号和麦卡多二号都被给予了税收优惠。同时，麦卡多一号和麦卡多二号在无法出具有效税收发票的情况下，仍能成功注册成为修正案规定的出口商进而享受零税收政策。

本案争议焦点之一是被申请人的行为是否违反了NAFTA第1102条规定的国民待遇[①]。被申请人给予本国国民控股的麦卡多一号和麦卡多二号区别待遇的行为是否构成违反国民待遇的重要条件则是认定二者之间是否存在"相似/相同情形"。仲裁庭认为，"类似条件"在本案中是指外国人控制的公司与本国国民控制的公司都从事分销和出口工作。因此，申请人与麦卡多一号和麦卡多二号处于类似条件下。同时，争议双方自身也认同了申请人与麦卡多一号和麦卡多二号处于类似条件。在马文·费尔德曼诉墨西哥案中，仲裁庭对"类似条件"的解释对理解BIT国民待遇"相似/相同情形"有着重要的影响，它清晰地表明了国际仲裁实践的态度：仲裁庭对于税收措施与国民待遇"类似条件"的解释应当采用有利于保护投资的态度，因为"NAFTA中东道国的税收法律和政策在很大程度上可以随心所欲地改变，所以这种改变实际上使得很多投资者的商业活动在现实生活中无法继续。"

仲裁庭对本案"类似条件"的解释是基于该税收措施本身适用的相关规定，适当考虑了该环节投资者自身产业等因素。墨西哥法律禁止烟草分销商享受墨西哥税法所规定的税收减免政策，仲裁庭仅针对出口环节的投资者范围予以确定"类似

---

①NAFTA第1102条规定："缔约国各方在类似条件下，就投资的设立、取得、扩大、管理、出售行为，给予外国投资者的待遇不得低于其给予本国投资者的待遇。"

条件”，同时结合该出口环节投资者的产业予以综合考虑。

2. 排除投资者的“竞争作用”

如果说马文·费尔德曼诉墨西哥案件考虑了投资者的“竞争作用”，那么西方勘探开发公司诉厄瓜多尔案中，仲裁庭则采用了宽泛解释的方式，将国民待遇“相似/相同情形”的解释进一步扩大。

在西方勘探开发公司诉厄瓜多尔案中，仲裁庭在关于国民待遇的阐释中第一次明确地拒绝了将“竞争作用”作为“相似/相同情形”的考虑因素，而将“相似/相同情形”做扩大解释。西方勘探开发公司依据美国-厄瓜多尔 BIT 认为厄瓜多尔所实施的措施违反了 BIT 中的国民待遇。西方勘探开发公司指出该税收措施属于差别对待，因为在其他非石油领域（如海产品、矿产、鲜花等）出口商依然可以享受增值税退税政策。本案“相似/相同情形”并不是指在相同产业（本案中所涉及的石油产业）的企业，而是指所有出口企业，并不需要划分不同部门或者产业。很明显，西方勘探开发公司的诉求是要求仲裁庭支持国民待遇义务解释扩大化，即要求把“竞争概念”从处于实际竞争的投资者与国内企业中剥离出来，仅仅从环节上考虑。相反，厄瓜多尔指出协定中的“相似情形”是有适用范围的，只能存在于同一经济领域的竞争者中。所以，厄瓜多尔拒绝承认其税务机构的措施违反了美国-厄瓜多尔 BIT。况且，厄瓜多尔国家石油公司作为西方勘探开发公司的主要石油出口竞争对手同样也不能继续享受增值税退税政策，因此该措施并不违反国民待遇。

仲裁庭仲裁裁决支持了申请人西方勘探开发公司的观点，认为“相似/ 相同情形”的解释不能采用厄瓜多尔提出的限制解释方法。国民待遇毋庸置疑以保护外国投资者为核心，宽泛解释可以确保外国投资者与本国生产者能在相同的环境下竞争。如果将国民待遇与特定行业关联，那么促进投资者的投资作用将减少。因此，本案国际仲裁庭的扩大解释使得国民待遇的适用不能限定在特定的部门或者行业中。这较之于之前马文·费尔德曼诉墨西哥案的解释来说，明显表现出宽泛解释的趋势。

因此，国际仲裁庭在解释国际投资协定中的国民待遇“相似/相同情形”时采用扩大解释，也就是将可比较的投资者范围扩大了。结合“相似/相同情形”对征纳环节的考量，这种扩大可以理解为同一征纳环节的不同产业，而不是同一征纳环节的相同产业。

(二)DTA“国籍”非歧视中的“相似/相同情形”

1. 纳税人身份标准

世界各国的通例做法是在国际税法领域将税收征管关系中的纳税人划分为居民纳税人和非居民纳税人。DTA 适用“国籍非歧视”原则的前提是缔约国双方的国民处于“相同情况”。认定“相同情况”或“相似情况”的标准，不论是协定范本条文本身还是 OECD 范本注释，都没有给出统一的标准或者一般性的标准，但是 OECD 范本明确强调了居民身份相同是认定“相同情况”的核心要素①，该表述是在 1992 年修订范本时增加的②。因此，纳税人之间的税收居民身份是认定“相同情况”或“相似情况”的标准，如果纳税人税收居民身份不同则无法依照税收无差别待遇标准进行比较适用，这不属于以国籍为基础的“国籍非歧视”。即使在投资者国籍不同的情况下，根据一国国内法规定，若满足了居民纳税人这一身份，同样可以要求东道国依照在东道国国内具有东道国国籍的居民纳税人的待遇标准提供相同的无差别待遇。实际上，DTA 中的国籍无差别待遇内涵并非按照“国籍”做出区分，而是按照居民身份和非居民身份适用无差别待遇。这一点与 BIT 国民待遇标准有着本质上的区别。

DTA 的主要宗旨是促进缔约国对跨国征税对象进行公平合理的税收分配，使纳税人的居住国和跨国征税对象的来源国进行合理的税收权益分配。这里的跨国征税对象是指跨国所得或财产价值上存在的税收权益③。居民纳税人就其全部所得完成纳税义务，而非居民纳税人只就来源于当地的所得完成纳税义务。税收国籍无差别待遇又要求基于纳税居民身份的相同情况进行比较。这意味着非居民通常不能在来源国主张给予当地居民的全部待遇。DTA 的无差别待遇主要解决来源国给予非居民的待遇④。对 BIT 投资者而言，投资者为 BIT 缔约国国民或者企业(而不是东道国国民或企业)，按照 DTA“国籍无差别”待遇的适用来看，首先应

①张泽平. 国际税收协定中非歧视条款之内涵辨析[J]. 华东政法大学学报，2018(2)：165－175.
②OECD 范本和 UN 范本第二十四条注释第七段。
③廖益新. 国际税法学[M]. 北京：高等教育出版社，2008：19.
④张智勇. 自由贸易区的所得税问题研究：中国的视角[J]. 中外法学，2015(5)：1249－1270.

当按照东道国国内税法区分投资者在没有东道国国籍的情况下，是否已经成为东道国居民纳税人。若不构成居民纳税人，则不能按照DTA税收无差别待遇标准主张“国籍无差别待遇”。世界各国认定纳税人身份的标准有所不一[①]，但纳税人身份是适用DTA税收无差别待遇的起点，而并非所谓的“国籍”。但投资者往往避开国际税法中的无差别待遇内涵限制，直接利用BIT国民待遇标准主张税收措施的国民待遇保护。

2. 无差别待遇适用于直接税

一般而言，DTA调整的税种仅针对跨国所得或者财产价值征税，属于税法中的直接税范围。对于税收中的间接税，纳税人不能依照DTA主张无差别待遇。DTA中的应税所得在学术界存在着几种学术观点[②]，但世界各国签订的DTA一般不拘泥于某种学说，而在DTA中进行明确规定。纵观世界惯例，应税所得一般为跨国纳税人在一定期间内的营业所得、劳务所得、投资所得、财产转让所得或者资本利得，以及其他收入或者收益扣除为取得收入所需必要费用后的余额[③]。国际仲裁实践中的增值税、关税等都不属于DTA的调整范围。因此，BIT税收措施的“税收”范围是指包含了直接税的“税收”国民待遇还是排除了DTA税种范围的“税收”国民待遇，这一问题是投资者利用BIT税收措施主张BIT国民待遇对税收措施适用的问题根源。

从上述可以看出，DTA“国籍”无差别待遇并非在真正意义的国籍之间进行区分，而是在居民纳税人与居民纳税人之间的非歧视、非居民纳税人和非居民纳税人之间的非歧视。国际投资协定中的税收国民待遇“相似/相同情形”与DTA“国籍”无差别的“相似/相同情形”完全不一致。国际投资协定中的国民待遇一旦适用于“税收措施”，国际投资实践中“相似/相同情形”解释就往往采取扩大标准，这种扩大解释体现在居民身份与国籍身份的划分、税种范围两个方面。这样一来，投资者就可以利用国际投资协定中的国民待遇义务对“相似/相同情形”采用更宽泛的解释标准以获得更高的投资待遇保护。对东道国而言，国际投资协定加重了东道国

---

①自然人纳税人居民身份确认标准有“住所标准”“居所标准”“居住时间标准”“主观意愿标准”等；法人的居民身份确认标准有“实际管理和控制中心所在地标准”“总机构所在地标准”等。

②国际税法中的应税所得有以费雪为代表的“流量学说”、普伦为代表的“周期性学说”等。

③刘剑文．国际所得税法研究[M]．北京：中国政法大学出版社，2000：51.

的税收国民待遇义务。虽然国际投资条约下的国民待遇标准是一种反歧视的保护,但这种反歧视的标准远远超出了税收协定中的无差别待遇。

(三)无差别待遇的条约协调

东道国因税收措施而产生的国民待遇条约义务可以存在于 BIT 中,亦可存在于 DTA 中。DTA 的“国籍”无差别待遇与 BIT 中的国民待遇在内涵上具有重要差异,尤其是比较对象属于 DTA 居民身份但不属于 BIT 国民。例如:具有相同外国国籍的 A、B 投资者,外国投资者 A 按照居住地认定标准,可以认定为缔约国 DTA 居民身份但却不享有国民身份;外国投资者 B 不能认定为居民身份。此时,投资者 B 不可能完全享受 DTA 无差别待遇,东道国实质上可以实施差别待遇;然而,B 却可以依照 BIT 主张税收措施上的国民待遇。这样一来,当东道国对 B 类企业实施税收不同待遇时,东道国就面临着违反 BIT 国民待遇条款的风险。从投资条约国民待遇的角度来看,基于居住权的税收歧视仍然是一个可能存在且尚未解决的问题。因此,笔者发现在条约缔结实践中,有的国家已经注意到并特别提到基于居住的税收歧视,并将二者的差异在 BIT 中特别予以规定。例如:德国的 BIT 范本对这一问题就较为关注,缔约国提供国民待遇和最惠国待遇的义务不包括向居住在缔约国另一方的自然人或企业提供,根据其国内税法只授予其境内的自然人和企业税收优惠,免税和减税。如上所述,国际法也承认事实上可能发生差别待遇。这种事实对外国投资者(或某一州的外国投资者)有不利的影响,可能违反投资条约中的“国民待遇”标准。

总体来看,若 BIT 国民待遇条款未排除税收措施国民待遇义务,则存在投资者就东道国税收措施提起东道国违反 DTA 的“国籍”无差别待遇和 BIT 国民待遇义务的救济路径冲突。若 BIT 国民待遇将税收措施国民待遇义务做出排除,则投资者仅能依据 DTA 无差别待遇主张权利保护,同时投资者无法通过 BIT 国民待遇要求东道国给予税收国民待遇,但依旧可以通过 DTA 无差别待遇要求东道国提供国民待遇。当然,由于二者之间的内涵存在重大差异,投资者最终是否可以依据 DTA 税收无差别待遇的“国籍”待遇标准真正享有该待遇,属于 DTA 认定问题,依照 DTA“国籍”无差别有可能享有,也有可能不享有。但投资者-东道国税收措施国民待遇争议则无法在 BIT 框架下进行处理,即使投资者未按照 DTA 享有“国籍”非歧视待遇，相关争议按照DTA争议解决机制在缔约国主权国家之间协商解决，投资者无法进行争议救济的仲裁选择。这在一定程度上缓解了BIT和DTA因东道国税收措施而引起的投资争议矛盾，避免加大东道国因税收措施引起的涉税争议解决模式的不确定性。

然而，若BIT国民待遇未将税收措施国民待遇义务做出某种排除，则投资者就会提起仲裁，要求东道国承担BIT税收国民待遇义务，这较DTA“国籍”无差别待遇而言加大了东道国的国际义务。BIT税收条款是否需要调整来化解BIT和DTA在无差别待遇上存在的冲突，这要根据BIT投资对东道国的作用进行决定。缔约双方的BIT税收条款需要对这一存在冲突的问题做出规定，避免涉税争议的国际仲裁。

二、税收措施与国际投资协定中的最惠国待遇

(一)BIT中的税收最惠国待遇

最惠国待遇是指东道国给予外国投资和外国投资者的待遇不得低于其给予或者将来给予任何第三国投资和投资者的待遇[①]。最惠国待遇保证各国投资者之间的平等性，防止在各国投资者之间产生歧视。国际投资协定中的最惠国待遇义务一般是互惠的、无条件的、有限的(仅仅适用于与投资有关的人或者投资活动)。目前多数双边投资条约均采用“准入后最惠国待遇模式”。晚近国际投资协定缔约实践中的有关最惠国待遇条款表述不一，有的包括了“在相同或者类似情况下的”限制性表述，有的仅仅是将最惠国待遇义务适用于“特定投资活动”或者投资者等[②]。国际投资协定缔约方一般会对最惠国待遇义务的税收做出适用例外的规定，例如：第一个涉及税收的例外是“国家联盟”条款，通常表述为“最惠国待遇不得适用于缔约国各方由于其属于关税同盟、经济同盟、共同市场或自由贸易区的成员或与此相连而给予第三国国民或公司的特权”；第二个涉及税收的例外是税收条约例外，通常表述为“缔约一方根据双重征税协定或者其他有关税收协定给予第三国投资者的优惠”[③]。

①卢进勇，余劲松，齐春生.国际投资条约与协定新论[M].北京：人民出版社，2007：16.

②陈安.国际投资法的新发展与中国双边投资条约的新实践[M].上海：复旦大学出版社，2007：189.

③余劲松.国际投资法[M].北京：法律出版社，2009：237.

(二)DTA 中的税收最惠国待遇

DTA 一般仅涉及对无差别待遇的表述。从内容上来看,DTA 中不涉及税收最惠国待遇①。税收协定中的互惠原则:税收协定建立在互惠原则基础上,缔约国一方根据某一双边或多边协定提供给该协定对方居民或国民的税收待遇,是基于本协定缔约国之间具体的经济关系提供,不能根据该缔约国一方与第三国之间的双重税收协定中所约定的税收非歧视待遇条款,而将基于互惠原则提供的税收待遇扩大到该第三国的国民或居民②。

DTA 非歧视待遇原则排除最惠国待遇是其惯常做法。因为 DTA 是各缔约方在税收利益分配上的协调,这种协调的实质是双方国家经济的需要,综合考虑双边税制、经济模式和发展程度差异等进行的一种税收利益妥协。这种妥协具有相对性和互惠性,因为世界各国的国内税收制度、经济发展水平等不具有完全等同性。DTA 这种建立在特定缔约国税收制度和经济发展水平上的利益妥协条约不能扩展适用到第三国,否则将影响 DTA 对国际税收利益的协调。

因为 DTA 在实践中未采用最惠国待遇这一无差别待遇,所以 BIT 最惠国待遇一开始就注重税收措施在 BIT 和 DTA 之间的协调和平衡。因为各主权国存在所得税差异,所以,DTA 是为了避免将税收协定中的双边效应变成多边效应,引发第三国"搭便车"现象而签订的协议。BIT 最惠国待遇顺应了 DTA 这一做法,BIT 最惠国待遇的惯常做法是将 DTA 税收条约义务在 BIT 最惠国待遇中予以排除,正确处理二者之间的协调,防止投资者利用 BIT 最惠国待遇对东道国税收措施的适用进一步提出将 DTA 所给予的双边待遇继续扩大。

综上所述,国际投资协定中的税收条款需要对国际投资实践中的无差别待遇对税收的适用做出规定。各国 BIT 税收条款需要针对 BIT 国民待遇与 DTA"国籍"无差别待遇之间的区别,在具体的 BIT 缔约实践中根据双方利益需要对税收措施中的国民待遇适用做出规定,防止投资者利用 BIT 和 DTA 之间的待遇差异进行条约选择救济;各国 BIT 税收条款已经按照 DTA 关于税收最惠国待遇的排除处理实践进行了调整,BIT 税收条款中最惠国待遇的内容与 DTA 中的相关内容保持一致。

---

①张智勇.自由贸易区的所得税问题研究:中国的视角[J].中外法学,2015(5):1249-1270.
②OECD 范本和 UN 范本第二十四条注释第二段。

第三节　间接征收对税收措施的法律适用

对外国投资者的保护历来是国际投资协定的主要目标。实现这一目标的约束机制之一则是通过约束东道国对外国投资者资产的征收。因此，国际投资协定中列入防止外国投资国有化或被征用的保护标准则是征收条款①。征收条款作为国际投资协定中的投资保护条款发挥着投资保护的重要作用，实属国际投资协定中的核心条款。国际投资法领域一直以来不乏对间接征收问题研究的学者和成果。因为税收具有征收和管制两大特性，所以税收措施构成间接征收与税收措施属于合法管制也是国际投资实践中的争议焦点。本节主要研究税收措施与间接征收的相关问题。

一、税收措施的征收性特征

《布莱克法律字典》将征收定义为"政府占有或改变个体的财产权利"。东道国对外国投资的征收一直以来是国际投资法关注的焦点，这一焦点问题所涉及的是东道国国家利益和私人投资者利益的价值取向。20 世纪 50 年代以来，征收在国际投资法领域的作用随着主权国家经济发展的不同表现不同。第二次世界大战后，随着世界各国大规模国有化，直接征收补偿问题曾一度是国际投资法征收问题的核心问题；20 世纪 80 年代开始，随着独立国家民族工业的建立和经济全球化发展下的市场经济的建立，发展中国家利用外资的主要目的是促进当地经济社会发展，此时需要对外资实行有效管理，为了管理外资而采取的管制措施可能并不能直接导致投资者失去对其投资财产的所有权，但是对投资者期待的投资回报会产生极其不利的影响，间接征收取代了直接征收补偿成为国际投资法中的征收焦点问题②。德国著名的国际投资法学家多尔泽认为"在国际投资法所有的新发展中，国家实践方面一个重要的发展则是间接征收"③。

①孙南申. 国际投资法[M]. 北京：中国人民大学出版社，2008：162.

②徐崇利. 晚近国际投资争端解决实践之评判："全球治理"理论的引入[J]. 法学家，2010(3)：143 - 153.

③DOLZER R. Indirect expropriations: new developments? [J]. New York University Environmental Law Journal, 2022(11): 65.

(一)间接征收的概念和分类

1. 间接征收的概念

目前,国际投资法领域缺乏对间接征收的统一定义。联合国贸易和发展会议(UNCTAD)将间接征收表述为“一种不直接占有财产的措施,但是产生剥夺所有者对财产实质利益的同样效果”。学术界对间接征收的定义是指东道国采取一定的措施,虽然投资者具有投资资产法律上的所有权但实质上却丧失了其财产权益的国家行为①。

除了理论界对间接征收的定义外,国际仲裁庭对间接征收的定义也有解释。泰克米公司诉墨西哥案件仲裁裁决认为“虽然间接征收在形式上是指国家的强制性征用,但这一术语也应当包括一定的事实征用行为。从本质上说,征收必须基本上完全剥夺投资者对财产或不同部分权利的经济适用和享受”。能源公司诉匈牙利案裁决认为“征收的适用法律和责任认定需要结合大量的国际法律资料,包括仲裁裁决和相关的理论研究中对直接和间接征收的论述。尽管征收有不同的表述方式,但是国际法要求确立的是取消投资者权利的实质性、根本性或毁灭性的标准”。国际投资仲裁实践对间接征收的定义中规定不必涉及财产的实际取得,这可能是受外国投资者资产的有效损失或价值的重大贬值而造成的。

因此,理论界和仲裁实践对间接征收的定义均包括了以下要素:第一,存在东道国某一措施或者行为;第二,财产未丧失法律上的所有权;第三,实质上产生了丧失所有权的影响。

2. 间接征收的分类

间接征收往往以两种方式存在:一是“蔓延”征收,它是指国家在一段时间内,通过使用大量的可归因于国家的措施来剥夺投资者的经济价值。二是管制性征收,它是指国家为管制目的采用的征收,对外国所有者财产的经济价值产生了影

---

①兰兰,俞炜,叶露.国际投资涉税措施构成间接征收之实证分析[J].国际经济法学刊,2019(2):99-103.

响，因此被视为一项征收[①]。管制性征收指的是东道国在“治安权”范围内的财产征用，主要是东道国采用环境、卫生、道德、文化或经济等国家措施产生的征用。按照我国国际投资法著名学者徐崇利教授的观点，间接征收按照其法律性质可以分为合法间接征收和非法间接征收。非法间接征收是指东道国政府采取缺乏公共利益，或具有歧视性，或不符合正当程序的措施而导致投资者丧失其财产权益的征收。如果国家措施不能认定为非法间接征收，则应属于合法间接征收。合法间接征收和非法间接征收在补偿标准上也应当有所区别。仲裁在实践中未对间接征收进行合法间接征收和非法间接征收的区别，一般仅对间接征收做出裁决，对间接征收和不要求赔偿的政府管制措施之间的界线并未明确说明，视案件情况的具体事实和情况而定。近些年来，美国 BIT 范本、加拿大 BIT 范本以及《自由贸易协定》(FTA)中的投资章节都通过规定具体的条款和制定详细的标准，以更好认定间接征收类型。

(二)间接征收的方法类型

间接征收的起因一般来源于东道国的某一项措施。这些措施一般包括采用税收措施提高税率或者通过法律颁布新的税率、制定歧视性立法、限制投资者某些权利、撤回许可或某些允许、采取环境和人权管制等。按照东道国对间接征收使用的方法类型进行统计，东道国对间接征收的使用方法比例如下。

表 3－1　东道国相关措施构成间接征收的统计表[②]

序号	使用方法类型	占比/%
1	采用税收措施	40.4
2	制定歧视性立法	25
3	限制某些权利	15.4
4	环境事项	12.2
5	人权事项	3.2
6	其他	3.8

①张正怡. 能源类国际投资争端法律问题研究[M]. 北京：法律出版社，2014：140.
②张正怡. 能源类国际投资争端法律问题研究[M]. 北京：法律出版社，2014：140.

其中,最常见的方式则是采用税收措施,比例高达 40.4%。里维尔·库珀诉 OPIC 案申请人认为牙买加政府开征新税的行为构成了间接征收、联贸股份公司诉摩尔多瓦案申请人认为东道国撤销原来的税收减免措施构成了间接征收、EnCana 诉厄瓜多尔案申请人认为厄瓜多尔拒绝给予其子公司增值税返还的行为构成了间接征收、西方石油诉厄瓜多尔案申请人认为东道国拒绝返还增值税的行为对投资者利益产生了实质性影响、费尔德曼诉墨西哥案申请人认为墨西哥拒绝给予香烟出口退税的行为构成间接征收,也有申请人认为东道国采取的包括税收审计系列措施构成了间接征收。近年来,税收措施的滥用主要体现在自然资源领域。如拉丁美洲以厄瓜多尔为典型的东道国,它在石油、天然气等领域采用"暴利税"的做法引起了国际投资实践中的一系列涉税投资争议。税收措施在国际投资领域与间接征收的关系十分密切,这一问题值得重视。

但从国际仲裁实践结果来看,仲裁庭认定税收措施构成间接征收的标准较高,投资者通过间接征收标准认定东道国税收措施构成间接征收的难度较大。20 世纪末阿根廷为了改变经济,修订了适用于本国特许合同的税收制度。在一系列涉税投资争端中,没有一个仲裁庭认定构成了间接征收。如联贸股份公司诉摩尔多瓦案、西方石油诉厄瓜多尔案等仲裁庭均未认定构成征收。

二、税收措施构成间接征收的理论标准

在投资自由化的浪潮中,东道国往往利用税收措施对涉及健康、环境等主权国家公共利益的领域进行管制。在国家对外国投资者义务的早期法规草案中,如在《海外投资公约草案》(1959 年)或 OECD 制定的《保护外国财产公约草案》(1967 年)中都提到过税收需要特殊对待或者在草案中对其加以适当规定。《美国对外关系法重述(第三次)》第 712 节规定:"一国无须为由于善意的普遍性的税收、管制、没收犯罪财产或其他被普遍接受为属于国家安全范围之内的政府行为所引起的财产损失或其他经济损失负责。"

然而,目前国际投资协定中的"模板化"的征收条款缺乏对间接征收的明确界定,税收措施是否构成间接征收的认定主要与国际仲裁实践相关。现代国际投资

法的发展主要与国际案例相关，而并非国际投资条约[①]。国际仲裁庭认定税收措施是否构成间接征收这一结果直接决定东道国对公共利益的维护同外国私人投资者对经济利益的追求是否会产生冲突。而目前征收条款确认的“间接征收”引起了征收条款的适用性危机[②]，政府基于主权管制的税收措施与间接征收的边界究竟在哪里？合法征税权力范围内的税收措施与超出这一阈值的税收措施存在令人模糊的界限[③]。

认定间接征收的标准，或者说解决管制措施与征收措施方面存在的焦点问题形成了三种理论标准。

(一)单一效果原则

单一效果原则，这一原则是指对东道国所采取的措施是否对投资者构成征收仅依据东道国所采取的特定措施对投资者造成影响的程度来判断，即使国家无意实施该措施。这一原则仅仅考察东道国措施的客观效果。该理论认为，为行使“警察权力”而合法制定的法规对财产权不会具有充分限制性的效果；相反，如果一项或者一系列政府措施具有此类效果，则构成间接征收。这一理论认为在东道国政府未对投资者构成直接征收的情况下，并非所有对投资者造成影响的措施都会构成间接征收。单一效果原则作为间接征收的认定标准必须考虑效果因素，这一效果必须使投资者对其财产失去控制并达到一定的强度，也就是达到一定量的要求。对于这一量的标准如何把握，从国际仲裁实践来看，只要财产权的重大或者重要部分的享有变得无效，就可以达到间接征收的效果要求，而并非全部无效。相反，也有申请人认为厄瓜多尔拒绝给予其子公司增值税返还的行为构成了间接征收，但是仲裁庭认为仅仅10%的增值税退税并不能造成对投资者“全部的或者实质性的”投资收益的剥夺，故不能认定为间接征收。

(二)单一目的原则

单一目的原则是指具备正当公共目的东道国措施属于国家“治安权”的正常行

①KAHN P, WALDE T. New aspects of international investment law[M]. 1st ed. Boston: Martinus Nijhoff Publishers, 2007: 66.

②石俭平. 论国际投资条约征收条款的适用危机[J]. 学术交流，2012(8)：46－49.

③陈安. 国际投资法的新发展与中国双边投资条约的新实践[M]. 上海：复旦大学出版社，2007：145.

使，一旦东道国措施是出于公共目的的善意行使则不能认定为构成间接征收。挪威电信诉匈牙利案仲裁裁决认为："众所周知，仅仅由政府行使对企业造成障碍或需要支付税款或其他征费的监管权力本身并不构成征收。任何签订投资协议的投资者都应该意识到，投资是有风险的。签订了投资协议就意味着在某种程度上，投资者的活动可能会受到监管，而且投资者支付的款项不会得到补偿。这些都是投资者为获得特许而付出的代价。被申请的东道国措施必须是对投资的经济价值产生重大不利影响的。"单一目的原则较之于单一效果原则来看，这一标准属于主观认定标准，具有复杂性。从证据举证责任角度来看，东道国实施的措施在某种形式上均可以加上公共利益的外壳，对东道国是否构成间接征收的举证责任由申请人承担。申请人对东道国实施措施的主观目的举证具有相当的难度，根据国际仲裁庭认定东道国实施措施的主观目的综合因素来看，申请人举证东道国措施非善意可以从以下几个方面展开。

第一，东道国措施的持续时间。东道国措施持续时间的长短是认定东道国措施是否具有公共目的的重要因素。若一项东道国措施属于临时性的，则可能被认定为出于公共目的；若一项东道国措施属于长期性的，则可能被认定不具有公共目的。这一因素认定可以结合某天然气运输公司诉阿根廷案件的仲裁庭解释"如果延期适用超过了合理期限，可能得出管制制度具有长期性的目的"，若东道国措施实施持续时间是长期的，则可以推断东道国措施并非基于公共利益维护而采取的应急措施。

第二，东道国政府部门及官员的言论。对于这一要素，在国际仲裁实践中有不同的案例，挪威电信诉匈牙利案仲裁裁决解释："官员方面的不合理行为和违约行为即使严重，这本身不能够证明构成征收行为。"但是，梅耶公司诉加拿大案仲裁庭认为，加拿大颁布相关禁止并非出于保护环境考虑，因为加拿大环境署署长曾经在会见企业时却颁布多氯联苯废弃物(PCB)出口禁令①以吸引外资。

(三)比例原则

近年来，国际投资仲裁实践已经开始摒弃单一效果原则和单一目的原则，逐渐

①蔡从燕，李尊然.国际投资法上的间接征收问题[M].北京：法律出版社，2015:48.

建立单一效果原则与单一目的原则相结合的比例原则。依照这一间接征收认定标准，间接征收的认定应该综合考虑主客观情况。比例原则依据“比例”要求对效果与目的兼顾，但如何兼顾是实践中的争议焦点，如到底是效果为主兼目的还是目的为主兼效果。目前对于这一原则适用的“比例”标准还未形成一定的规范化理论。这一原则的适用既考虑了保护私人财产利益的需求，同时也兼顾了东道国国家权力，较好平衡了东道国国家公共利益和投资者私人利益之间的关系。它在国际投资法领域也有扩大适用的趋势，也越来越得到国内法的承认。例如：在德国，比例原则适用于征收案件就是不言自明的①。

三、认定税收措施构成间接征收的实践

如果说一直以来困扰间接征收的理论问题是如何区分政府措施的性质，到底是管制行为还是间接征收，那么税收措施在这一困扰问题上形成一个焦点。税收措施在征收法律适用中的难点在于区分合法征税和非法征收。换句话说，实质是划定国家税收监管权的界限。联贸股份公司诉摩尔多瓦案仲裁裁决认为一般而言，税收措施只有滥用时才具有征收性。政府滥用税收措施时，证明了政府的行为不公正且向投资者采取的措施是任意的或歧视性的，或采取的税收措施违反了国际投资义务。EnCana 案仲裁庭认为：“在东道国没有做出具体承诺的情况下，外国投资者既没有权利也不应有任何合理的期望认为在投资期间税收制度不会改变。也许只有在一种极端的情况下才能认定具有普遍性的税收在效果上与对被征税的企业的征收是等同的。”这一裁决认为国际投资活动中投资者有投资风险，特别是在东道国管制权范围内。税收作为东道国主权的一部分，税收主权具有绝对性②。除非东道国明确将税收主权进行自我限制，从而将税收主权范围内的事宜做出让渡或者放弃，否则不能直接推定东道国参与国际投资活动已经放弃了具有主权性质的管制权。这是国家主权事宜，放弃需明示。若无明示，则不能推定。

谢业深诉秘鲁案仲裁裁决认为“值得注意的是，税收和税收措施的执行如果带有没收性、随意性、滥用性或歧视性，就可能具有征收性。”在伯灵顿诉厄瓜多尔案

①陈新民.德国公法学基础理论(上下)[M].济南：山东人民出版社，2001：426.

②刘永伟.税收主权与税收专约的解释依据[J].中国社会科学，2013(6)：129－145.

的裁决中确定了衡量税收措施是否构成间接征收的主要标准，仲裁庭认为具备以下三个要素才能构成间接征收：第一，对整个投资价值的实质性剥夺；第二，是一种长期的措施；第三，这项措施并非基于“治安权”。因此，并非所有的税收措施对投资带来了实质性影响的效果均可以构成间接征收，正确处理和认定税收措施的管制性目的和间接征收之间的界限尤为重要，这将为东道国管制权的实施留足政策空间。本书对国际仲裁庭部分仲裁裁决的思路进行总结，就税收措施构成间接征收的认定标准进行分析。

(一)客观标准

1. 投资的无效性

投资的无效性是指东道国实施税收措施的效果使得投资者对其资产失去了控制，投资成了无用的投资。在东京托克勒斯诉乌克兰案件的征收请求中，仲裁庭认为：“虽然破坏投资价值5%的措施不能被定义为征收，但减少95%可能就足够了。”税收措施带来投资的无效性是量的衡量标准，这一要素实质来源于间接征收认定理论标准的效果标准。一般而言，认定税收措施是否达到了投资无效这一量有以下几种参考方法。

1)研究高税率

认定一项税收措施是否构成了投资无效性的方法就是研究高税率。伯灵顿诉厄瓜多尔案件仲裁员对此有所阐述。加布里埃尔·考夫曼·科勒和布里盖特·斯特恩教授认为，50%至90%的“暴利税”税率没有导致申请人投资完全无利可图；持不同意见的仲裁员奥雷戈·比库尼亚教授认为，50%至90%的“暴利税”税率极大地削弱了资产的市场价值，也剥夺了申请人对其劳动力的“公平”报酬。

然而，所谓的高税率在美国和英国这样的发达国家至今存在。在20世纪初，西方投资者一度抱怨5%的财产税，到了20世纪中叶，西方民主国家的边境所得税率达到了90%以上。高税率可能会导致投资者投资无效，但并非一定会导致投资者投资无效，国际投资仲裁庭已经针对几起高税率国际仲裁做出了未构成征收的认定。特别是对投资者针对厄瓜多尔高达90%以上的税率提起的“暴利税”争端，仲裁庭认为即使对投资者征收了高达99%的高税率，投资者仍然具有商业利润，故高税率并没有导致投资的无效性。

2)研究税率的变化

研究税率的变化也是一种可参考的方法。正如多尔泽所设想的那样："将税率从 75%提高到 88%的措施可能不会得出与将税率从 10%提高到 80%相同的结论。"假设某一税种的税率总是很高，当它略有提高时，投资者几乎不会抱怨。因为这种情况可能并不会导致其投资无效；相反，某一税种的税率如果有一种极端的变化，或如果一种全新的高税率的税收政策突然被颁布或被追溯，这肯定会引起外国投资者反感，也可能导致投资无效。然而，这种方法在适用时会引起一个新的问题，这种税率变化率是否适用于投资者可以在不损失任何利润或市场份额的情况下将税收转嫁给客户的情况。

3)研究投资的盈利能力

税收措施剥夺了投资者的盈利能力或降低了投资者出售投资本身的可能性，这可以作为认定税收措施带来投资无效的一种方法。税收措施导致投资立即或在可预见的将来失去其经济价值时，可以满足税收措施构成间接征收的第一要素。这一方法是仲裁庭比较倾向的一种方法。伯灵顿诉厄瓜多尔案件仲裁庭指出"在评估是否存在实质性剥夺时，投资的经济价值损失或盈利能力是第一要素。投资者投资是为了获得回报，投资者最关注的是能否获得商业回报。如果投资者因为国家措施而失去盈利的能力，那么他们就失去了投资的经济意义。"

上述三种方法可以作为认定投资无效的参考方法。从国内税法的角度来看，东道国依照国内税法对纳税人采取的征纳措施通常都不会产生导致整个投资变得毫无用处的效果。所得税的计算一般采用净利润的百分比计算；消费税、进口税和营业税虽然不按照净利润的百分比进行计算，但税率通常不是很高，且这类间接税的税负一般可以转嫁给最终的消费者。EnCana 案、OEPC 案，仲裁庭最终裁定东道国 10%的增值税返还措施不构成间接征收，原因就在于投资者的投资并没有因为税收而变得无用，就征税额而言，外国投资者的公司可以继续经营并受外国投资者控制。然而，对投资者与东道国之间因重新纳税评估而提出的间接征收索赔则有所不同，这类索赔可将东道国的税收措施追溯至新规定出台的年份之前，甚至可以产生利息和罚金，追溯的金额完全可能超过公司的投资。

一般而言，东道国实施税收措施后，东道国对投资者所征收的税收不会超过投资者的全部财产或公司的市场价值。当然，如果这种情况真的发生，那么投资者会质疑东道国有过度征税的意图，其效果与间接征收可能一样。正常情况下从税收措施的效果看，投资者可以根据实施税收措施后的应纳税额衡量投资效用。例如，由于税收的增加，投资将不再产生净利润；投资者还可以说明税后产生的净利润将非常低，以至于整个项目或公司不能再在公开市场上出售，或以合理的价格出售。在这两种情况下，都需要投资者通过提高产品或服务的价格，将东道国所增加的税收转嫁给客户。若投资者可以通过转嫁税收的方式将增加税收转嫁，则不能认定投资失去了有效性。这一要素在里维尔诉牙买加案涉税投资争议中有所提及，该案系海外私人投资者与牙买加之间的仲裁案。里维尔公司因牙买加政府 1974 年 6 月修订矿业法的行为提起国际仲裁，依照新的法律，铝土矿生产的税率总体调高，同时牙买加矿业和自然资源部将按季度给持有采矿证的企业分配该季度的最小生产量①。里维尔公司在 1975 年前四个月的损失额就达到 150 万美元至 200 万美元，只好在 5 月初发布公告宣布关闭工厂、停止生产。仲裁小组的大多数成员认为，牙买加增加税收本身并不构成投资者对投资失去有效控制，但是牙买加政府拒绝授予公司采矿许可证构成了投资者对投资失去有效控制。如果投资者不能提高其产品或服务的价格，直接导致了他们的产品因价格而被挤出市场，此时的投资者可能别无选择，只能停止项目。

2. 因果关系

税收措施是否构成间接征收主要取决于二者之间的因果关系，这个因果关系是指东道国的税收措施与投资活动无法继续之间的直接因果关系。如果一个投资者被迫中断他的投资原因不是税收作用的直接后果，而是由于公司的资金不足、总体经济环境的恶化、公司自身管理不善或任何其他与东道国的税收行为无关的原因，则不可能构成间接征收。例如，在奥斯卡·金一案中，国际常设法院认为奥斯卡·金企业的失败是由于一般的经济条件，而并非由于比利时政府增加了关税这一措施。国际法院在裁决西西里电子公司一案时也遵循了类似的仲裁思路，强调东道国所实施的措施和投资活动被剥夺之间存在直接的因果联系。

---

①兰兰，俞炜，叶露. 国际投资涉税措施构成间接征收之实证分析[J]. 国际经济法学刊，2019(2)：99－103.

然而，在投资实践中增税和投资损失之间建立因果关系可能是极其困难的。在不断变化的经济和监管环境中，税收只是众多因素之一。此外，投资者不能指望完全摆脱这些环境变化的风险，使其业务有利可图。在联贸股份公司诉摩尔多瓦案件中，仲裁庭认为虽然可以推定税收措施对投资者产生了不利影响，但是任何税收措施都可能给纳税人造成一定的影响，申请人并没有证明经营下降是由于税收措施直接引起的，故不能认定构成间接征收。

3. 税收措施的不可预见性

东道国可预见的税收增加即使导致了投资无效的效果也不能被视为间接征收；将税收提高到可以或应该合理预期的水平，或保留到可能的水平，也不能构成间接征收。在费尔德曼诉墨西哥案件中，仲裁庭认为申请人应当基于这些已经存在的税收管制措施预见这些税收措施将会实施，这种税收措施就具有预见性，因此这些税收管制措施不构成间接征收。换句话说，只有不可预见的税收增加才有可能被认定间接征收。正如沃特利在论文中所写的那样，各国的财政预算需要变化，投资者在一定程度上是可以预估税收数额在某种程度上的波动的。对一个投资者来说，如果东道国任何微小的税收的增加或者采取有关的税收措施都可能意味着投资结束，那么税收措施不可能被视为投资者投资财产被剥夺或者无效的真正原因。但是，在何种程度上可以认为税收的增加是可以预见的，这取决于案件的具体情况，一般存在于东道国对税收措施做出某些特定的承诺。

（二）主观标准

事实上，国际仲裁实践已经开始关注东道国税收措施是否构成间接征收的主观认定标准。在阿彻和莱尔诉墨西哥仲裁案中，仲裁庭在分析东道国税收措施是否构成间接征收时认为："除政府措施的客观影响外，是否构成间接征收还可考虑其他因素。这些因素包括税收措施是否适当或出于合法目的；是否构成了法律上或实践上的歧视；是否按照正当法律程序通过的；或者在进行投资时是否干扰了投资者的合理预期。"东道国税收措施是否构成主观标准需要从税收措施的目的、税收措施的正当程序、税收措施对保护投资者合法期待等方面进行考察。税收措施的正当程序、税收措施对保护投资者的合法期待内容前文已有详细论述，这里笔者不再进行论述。

税收措施的目的是考虑税收措施是否构成间接征收的必要条件，但不是一个决定性因素。作为国家行为的税收措施要求必须具有公共目的，必须符合公共利益。如果发现一项税收措施的目的是“剥夺”投资者的财产，或导致投资者“放弃……或以低价出售”或者“有破坏性意图”，那么这项税收措施的目的可能违反了税收措施本身的公共目的。在实践中，要证明东道国税收措施实施的目的就是为了剥夺投资者的财产会十分困难，除非像尤科斯案件一样出现非常明显的“完全无关的目的”，即“破坏公司”和“消除政治对手”。因为税收措施一般都具有提高国家收入或者加强国家经济管制的功能，即使东道国税收措施具有剥夺投资者财产的目的也具有隐蔽性。

因此，税收措施是否构成间接征收的主观标准不是认定是否构成间接征收的决定性因素，仅仅是一种辅助或者次要因素。税收措施是否构成间接征收以客观认定标准为主，即使东道国税收措施具备了主观标准，但是并未达到客观标准中的投资无效状态，亦不能认定为间接征收。

综上所述，国际投资仲裁实践对东道国税收措施是否构成间接征收需要严格遵循客观和主观标准。仲裁实践表明，仲裁庭认定税收措施构成间接征收的认定标准较高，也充分考虑了仲裁庭对东道国税收主权的尊重。实践中仅有少量的案例认定税收措施构成了间接征收，税收的管制性征收被认定为间接征收的概率相对较低。

第四节　争端解决机制对东道国税收措施的法律适用影响

国际投资协定一般规定缔约国国家间争端解决机制和投资者-东道国争端解决机制两种。投资者-东道国争端解决机制又包括协商、东道国国内诉讼、国际仲裁等方式。本书以国际仲裁争端解决方式为研究对象，通过对 BIT 投资者-东道国国际仲裁和 DTA 争端解决机制中的国际仲裁对税收措施的适用进行比较研究。

一、BIT 和 DTA 国际仲裁对税收主权的影响

BIT 缔约主体为主权国家，BIT 实质调整和约束的是缔约国国家的权利和义

务。在国际直接投资过程中，由于缔约国签订的BIT规定了投资者-东道国争议仲裁的解决机制，因此投资者可以从自身利益出发，以个人名义主动提起仲裁，要求东道国履行条约义务。BIT条约中约定的“投资者”定义既包括了在东道国投资的公司，也包括了这些公司的持股股东（这些属于间接投资者）。BIT从性质而言是国际协议，投资者都属于BIT协议的利益第三方和其他第三方受益人。国际投资协定的制定者、投资者的母国为了维护本国投资者的利益，努力在国际投资协定缔结的过程中为第三方（即投资者）寻求可以从投资者自身利益出发执行主权国家BIT的争议解决方式——国际投资仲裁。一旦东道国税收措施影响到投资者的利益，投资者可以利用BIT国际仲裁争端解决机制维护利益。

（一）BIT国际仲裁对税收主权的挑战

1. 投资者个人利益与国家税收利益的不对等性

东道国接受国际仲裁庭管辖作为国际社会主流的争议解决方式可以在其他条约体系中存在，但是国际仲裁适用于投资者-东道国的涉税争议是否正当，则有待讨论。基于投资者私人利益将代表东道国国家利益的税收措施是否违反国际投资条约义务提交国际仲裁实际威胁到了征税国的税收主权。完全允许私人投资者基于私人利益将东道国税收措施是否违反国际投资条约义务提交国际仲裁是赋予私人投资者过于宽泛的权利，未能将东道国税收主权与投资者私人利益很好平衡。作为投资者，无论是公司本身还是这些公司的私人投资者，利润最大化是他们进行国际直接投资的驱动力。投资者是否选择或者是否继续BIT所规定的国际仲裁，取决于创造利润的可能性或者弥补损失的可能性。有的国家可能会通过谴责、指责等方式影响另一个国家的税收政策，当然这种谴责、指责的方式仍然是按照国际社会国家间的契约进行的。

2. 抑制了东道国税收政策空间

投资者基本不考虑对BIT签订国公民福利的影响，或国家主权当局自己税法的影响，只考虑自身是否需要利用BIT国际仲裁是比较狭隘的。在国际投资过程中，东道国实施税收措施一般基于国家公共利益需要或者经济调整需要，是国家经济主权的行使。BIT国际仲裁机制为投资者提供了针对东道国税收措施的直接救济之路，一旦被救济成功，东道国就将担负巨额的国家赔偿。在核能退出德国国家计划时，2000 年 6 月 14 日德国政府与核电企业签署了《关于逐步退出核能利用的协议》。同时，在确保高度安全与遵守核能立法要求的前提下，政府确保核电站在剩余的时间内的运营与废料处理不受干扰。这一协议签署之后，2011 年 1 月德国政府向新能源企业新开征燃料税，计划对德国核电企业四大运营商每年征收 23 亿欧元，德国四大核电企业将德国该项税收措施的合法性在国内法庭、欧盟法院提起救济后最终选择了国际投资仲裁。在这一起由德国 2012 年核能退出政策引发的涉税投资争议中，瀑布能源公司也依据《能源宪章条约》对德国政府提出赔偿请求。这一案例可以探讨一个简单的问题：谁来为德国政府的政策变化买单——德国纳税人还是瑞典纳税人？瑞典投资者在考虑维护自身利益时，是否会考虑国际投资仲裁对德国政府税收主权的影响？

因此，条约的缔结主体是主权国家，国家是执行条约的主体。但目前 BIT 争端解决机制允许投资的公司、个人股东将涉税投资争议提交国际仲裁，这实际已经威胁到了国家税收主权。参与 BIT 国家仲裁的各方主体对国家税收主权的影响远远超过了 OECD 有害竞争对税收主权的影响。当个人投资者根据个人利益选择通过 BIT 争端解决机制来提出涉税投资争议索赔请求时，这从根本上威胁到了国家税收主权，抑制了东道国税收主权范围内的政策空间。

（二）DTA 税收仲裁机制对国家税收主权的影响

DTA 条约体系的国际税收争议通常由缔约国国家的司法体系解决，并由缔约国之间的主管当局协商解决。即使目前存在双重征税协定下的国际税收仲裁机制，DTA 框架下的争议解决机制也不会产生如同 BIT 国际仲裁机制中的主权挑战[①]。

DTA 不会要求主权国家将国际税收争议提交私人仲裁机构，而是提交缔约国司法机构审理。法院是主权受到威胁时求助的国家法律制度机构，这种机构减少了除本国以外的其他国家或者个人对政府征税能力的限制。

进一步来说，即使 DTA 中的国际税收争议采取了 DTA 中的国际仲裁机制，

①CHAISSE J. Investor-state arbitration in international tax dispute resolution—a cut above dedicated tax dispute resolution? [J]. Virginia Tax Review, 2016(35):149 - 212.

这种国际仲裁机制也必须经双方缔约国主权国家同意后提交仲裁解决。双方同意对东道国来说就是承认其主权来源的社会契约基础。主权国家自行选择了国际仲裁,而不是由投资者来决定是否将东道国提交仲裁。

因此,虽然 BIT 和 DTA 对涉税争议均规定了国际仲裁方式,但是 BIT 争议解决机制中的投资者-东道国国际仲裁解决方式直接威胁到了国家税收主权,国际投资法框架下创设的国际投资仲裁方式为投资者因东道国税收措施而引起的涉税投资争议开通了一条快捷的救济途径。国际投资仲裁庭对涉税投资争端的解决,国际投资仲裁庭对东道国税收措施进行实质审查,这实际上都是将至高无上的国家税收主权让给了第三方来管辖。

二、BIT 提供了投资者涉税争议的条约选择

BIT 涉税争议的国际投资仲裁方式很有可能异化成一条投资者规避国际投资税收条约和 WTO 争端解决机制的有效途径,甚至有可能促使投资者滥用诉权挑战东道国税收主权①。因东道国税收措施而产生的涉税争议为投资者与东道国之间的争议,DTA 争端解决机制的缺陷为投资者涉税争议的解决提供了条约选择的可能性,比如投资者究竟会选择在 BIT 中处理争议还是在 DTA 中处理争议?由其自己决定。DTA 争端解决机制的缺陷使投资者将国际直接投资过程中产生的投资者-东道国涉税争议优先置于 BIT 争端解决机制中处理。

(一)DTA 争端解决机制的有效性较弱

DTA 框架下首先规定政治性争端解决机制,如相互协商程序,这揭示了国际税收条约解决税收争议机制的缺陷。国际税收条约的争端解决机制通常是一种相互协议的程序(MAP);这种 MAP 并不能保证投资者可以将案件提交国际仲裁,因为仲裁只是 MAP 的补充,而投资者必须经过漫长的过程才能让仲裁庭审理案例。《经济合作与发展组织公约》第二十五条规定了纳税人/投资者在税务纠纷中应如何处理。MAP 规定:"纳税人可以向他所在的缔约国的主管机关提出他的问题……"如果这个案子是正当的,主管当局必须努力解决争议。由此看出,这一程序不太可能保护纳税人或投资者。因为它授予主管当局即地方税务机关解决,所以

① 蔡从燕. 国际投资条约实践中的税收措施问题[J]. 武大国际法评论,2010(2):129-149.

地方税务机关有权决定是否受理。MAP 这一方式存在一个缺点，即税务当局如何决定接受或拒绝该案件并不透明①，例如，税务机关可能因政治或外交原因而拒绝受理此案。某些国家的主管当局如果涉及诸如处罚或避税等特殊问题，在 MAP 范围内可能不会协商该案件。此外，MAP 赋予主管当局的是一种宽松责任，他们只需要“努力”解决争议，但没有“义务”解决争端。主管当局只需要尽最大努力协商和找到解决办法，但没有义务做出结论。MAP 并没有给纳税人/投资者以公平对待的权利，也不允许他们将自己的主张提交给一个中立机构。当各方不能就其税收争议达成最终解决方案时，适用的国际税收条约或双重税收条约的有效性就受到质疑。纳税人/投资者必须承担双重课税，而主管当局无力解决税务纠纷，可能意味着国际税收条约的适用受到限制，因此，作为缔约国的国家，缺乏对投资者合法权利的保护。此外，国际税收协定不能实现其在 MAP 下解决双重征税、转移定价等问题的目标，因为 MAP 未能确定每个缔约国应得到的税收分配。因此，由于缺乏可预测性和一致性，外国投资者很容易对 MAP 失去信心②。这也许是为什么越来越多的国际投资者通过 BIT 或国际投资协定向国际仲裁提出索赔的原因③。

（二）DTA 国际仲裁的附属性

国际税收条约或经合组织模式公约中争端解决机制的第二个重要组成部分是国际仲裁。然而，与 BIT 争议解决方式中的国际仲裁不同，纳税人/投资者不能依据税收条约或经合组织模型公约直接进行仲裁④；纳税人必须首先适用《经济合作与发展组织公约》第二十五条。此外，税收条约中的仲裁条款只适用于特殊事项，例如转让定价问题，因此适用范围非常有限⑤。虽然新近国际税收条约中仲裁事项范围有扩大趋势，但仲裁条款只作为 MAP 的扩展（且仅是 MAP 过程中无法解决的问题而不是 OECD 范本第二十五条的整个约定）。仲裁条款仅仅是对 MAP

①CHAISSE J. Investor-state arbitration in international tax dispute resolution—a cut above dedicated tax dispute resolution? [J]. Virginia Tax Review, 2016(35):149 - 212.

②国家税务总局无锡市税务局课题组.“一带一路”视角下跨境税收争端问题浅析:基于税收协定的订立和适用[J]. 国际税收,2018(7):48 - 52.

③同②。

④廖益新. OECD 国际税收仲裁机制评析[J]. 厦门大学学报(哲学社会科学版),2012(5):71 - 79.

⑤廖益新. 多边法律工具与双边税收协定[J]. 国际税收,2017(6):21 - 26.

的补充,不能完全代替。经济合作与发展组织声称仲裁条款是一项附加性的争端解决机制,它可以有效解决国际税收争议,这种方式是以缔约国双方和纳税人都关注的方式进行,它是透明的、公正的和客观的方式。MAP 仍然是解决税务纠纷的主要争端解决机制。因此,在投资者能够向国际仲裁庭提交仲裁前,投资者必须首先面对一个漫长而艰难的过程。

OECD 范本第二十五条进一步规定:“若这些问题的决定已经由任何一个国家的法院或行政法庭做出,则不能将尚未解决的问题提交仲裁。”这意味着,如果地方法院解决了税务纠纷,那么纳税人/投资者才能将该争议提交国际仲裁。OECD 范本出于政治或者外交方面的考虑,避免对国内法院和国际仲裁庭授予平行权力解决这类问题。各主权国家不愿接受独立的国际仲裁来决定其税收权力,因为这可能会妨碍他们在其主权范围内实施税收政策的主权和自由裁量权。

此外,如果主管双方当局就税务争议达成协议,纳税人/投资者即使对所达成的解决方案不满意,也不能将争议再提交仲裁。只要主管当局或国内法院做出了决定,纳税人/投资者即使受到不公平待遇或不透明程序的影响,也不能再进一步寻求救济。即使纳税人/投资者可以进行国际仲裁,也是按照 OECD 范本第二十五条的程序等了两年。仲裁条款也可以理解为,纳税人/投资者可以放弃国内救济的权利,而要求税收争端按《经济合作与发展组织公约》或国际税收条约(避免平行的权力)提交仲裁。但这样的做法使得投资者和缔约国需要付出昂贵的代价。

另外需要注意的是,《经济合作与发展组织公约》和大多数国际税收条约一样都将纳税人/投资者排除在仲裁外,仅赋予其国家主管机关——税务机关权利。这意味着,根据《经济合作与发展组织公约》和国际税收条约规定,其仲裁只能针对一个国家与国家之间的案件,而纳税人/投资者永远也无法直接将案件提交仲裁庭。在这种情况下,国际税收法律制度中的仲裁条款并不能真正保护纳税人/投资者,因为缺乏直接的仲裁途径,他们的案件可能会因为外交原因而被放弃(例如,维护两个缔约国之间的政治关系)①。

此外,关于执行仲裁庭的决定,OECD 范本第二十五条中写道:“如果仲裁个人

①国家税务总局无锡市税务局课题组.“一带一路”视角下跨境税收争端问题浅析:基于税收协定的订立和适用[J].国际税收,2018(7):48-52.

不执行该仲裁裁决，该仲裁裁决对双方缔约国同样具有约束力。”裁决只对两个缔约国有约束力，如果输掉的缔约国不遵守仲裁裁决，获胜的缔约国纳税人/投资者什么也不能做。值得注意的是，在国际税收条约中没有任何执行机制，也没有任何制裁或强制力措施可以强加给在仲裁中败诉的缔约国。

综上所述，BIT 争端解决机制对税收措施的适用带来了国际仲裁庭对税收措施的审查，直接影响到国家税收主权；BIT 争端解决机制对税收措施的适用也造成了 BIT 与 DTA 涉税争议解决的冲突与不平衡，这种冲突和不平衡实际上对国家税收主权产生了影响。BIT 争端解决机制对税收措施的适用对国家主权产生了危机。因此，BIT 争端解决机制适用税收措施的路径需要进行相关改革，以更好地维护东道国税收主权。

第四章　中国 BIT 适用税收措施的完善建议

根据联合国官方网站公布的条约文本统计，截至 2019 年 11 月 22 日，中国对外签署 BIT 共有 145 个，其中已失效 15 个，签订未生效 20 个，现行有效 110 个。本章将以中国对外签订现行有效的 110 个 BIT 为研究对象进行研究。

本章从国际投资协定中的实体待遇标准和缔约国同意提交国际仲裁的争议解决范围两个方面分析了我国缔结的 BIT 税收措施适用现状。一方面基于我国 BIT 公平公正待遇、无差别待遇、征收条款的内容对我国 BIT 实体待遇和保护适用税收措施的现状与问题进行了评析；另一方面，研究了中国 BIT 争端解决机制适用税收措施的现状与问题。投资者基于 BIT 实体待遇和保护对东道国税收措施向国际仲裁庭提出索赔请求，首先要求确立国际仲裁庭的管辖权。国际仲裁庭的管辖权来源于争议双方的同意，争议双方同意提交国际仲裁解决的争议范围是国际仲裁庭确定管辖权的第一步。本章基于我国 BIT 投资者-东道国国际仲裁的争议解决范围，分析了我国 BIT 投资者-东道国国际仲裁庭确立税收措施引起投资争议的可能性。

第一节　中国 BIT 实体待遇和保护适用税收措施的现状与问题

本节以我国 BIT 公平公正待遇、无差别待遇、征收条款内容为研究基础，梳理了我国 BIT 公平公正待遇、无差别待遇排除税收措施适用以及我国 BIT 征收条款无税收措施例外排除的现状，并对我国 BIT 公平公正待遇、无差别待遇适用税收措施可能存在的法律问题进行总结和归纳。

一、公平公正待遇适用税收措施的现状与问题

(一)公平公正待遇(FET)排除税收措施适用的数量较少

中国 BIT 关于 FET 适用税收措施的情况大体分为三类:一是 FET 对税收措施的适用并无特别规定,即普遍适用;二是 FET 对税收措施的适用采用排除规定;三是 FET 对税收措施的适用做出特别规定。

1. 排除的现状

根据前文分析,公平公正待遇适用税收措施存在较大的法律风险,东道国可以采用排除税收措施适用的方式去规避法律风险。截至 2019 年 11 月,中国对外缔结了 110 个生效的 BIT,其中 57 个 BIT 公平公正待遇排除了税收措施①。从数量上来看,中国 BIT 公平公正待遇排除税收措施的数量占比不高,具体见表 4-1。

表 4-1　中国 BIT 公平公正待遇与税收措施统计表

类型	所属区域	BIT 排除 FET 国家	BIT 缔约国/个	排除比例/%
公平公正待遇排除	欧洲	中国-德国、中国-芬兰、中国-丹麦、中国-荷兰、中国-西班牙、中国-匈牙利、中国-乌克兰、中国-摩尔多瓦、中国-阿尔巴尼亚、中国-克罗地亚、中国-爱沙尼亚、中国-斯洛文尼亚、中国-立陶宛、中国-罗马尼亚、中国-马耳他、中国-塞浦路斯(16 个)	35	45.71
	亚洲	中国-新加坡、中国-科威特、中国-巴基斯坦、中国-蒙古、中国-吉尔吉斯斯坦、中国-亚美尼亚、中国-菲律宾、中国-哈萨克斯坦、中国-土库曼斯坦、中国-越南、中国-老挝、中国-塔吉克斯坦、中国-格鲁吉亚,中国-阿塞拜疆、中国-柬埔寨、中国-卡塔尔、中国-巴林、中国-伊朗、中国-缅甸、中国-朝鲜、中国-日韩(21 个)	37	56.76

①这类表述一般为:“本条第一款至第三款条文不应解释为缔约一方有义务将由下列原因产生的待遇、优惠或特权给予缔约另一方投资者:(一) 任何现存或将来的关税同盟、自由贸易区、经济和货币联盟、区域经济合作或其他类似协定;(二) 任何全部或主要与税收有关的国际协议或安排;(三) 任何便利边境地区小规模投资的国际协议或安排。”

续表

类型	所属区域	BIT 排除 FET 国家	BIT 缔约国/个	排除比例/%
公平公正待遇排除	大洋洲	中国-新西兰(1 个)	3	33.33
	非洲	中国-加纳、中国-埃及、中国-摩洛哥、中国-津巴布韦、中国-阿尔及利亚、中国-尼日利亚、中国-苏丹、中国-南非、中国-佛得角、中国-埃塞俄比亚、中国-刚果(11 个)	20	55
	美洲	中国-玻利维亚、中国-乌拉圭、中国-厄瓜多尔、中国-智利、中国-秘鲁、中国-牙买加、中国-古巴、中国-巴巴多斯、中国-加拿大(9 个)	15	60

2. 特别规定

中国与土耳其 BIT 第十条专款就公平公正待遇中的税收措施进行了特别规定，表述为：“在税收政策方面，缔约一方应在投资协议中努力给予缔约另一方国民和公司公正与公平的待遇。”中国-土耳其 BIT 强化了投资协议中公平公正待遇对税收措施的适用，这将投资协定中的合同义务上升到了条约义务，由此产生了一个法律问题：中国若违反了中国与土耳其投资者签订的投资协议中的税收条款，这一违约行为是否可以理解为未按照投资协议给予土耳其投资者公平公正待遇？若构成，是否可以理解为中国违反了中国-土耳其 BIT 第十条的条约义务？笔者认为，1990 年签订的中国-土耳其 BIT 第十条条约是当时的现实需要。时隔 30 多年，国际仲裁实践已经表明这样的 BIT 条款存在着较大的仲裁风险，此类条款的修订问题应当引起重视。

(二)FET 表述过于简单

BIT 中 FET 的表述一般抽象化，我国 BIT 中的 FET 的表述也采用了这种抽象化的表述方式，一般表述为“缔约一方的投资者在缔约另一方境内的投资应始终享受公平与公正的待遇”。BIT 中 FET 的抽象表述实质是将 FET 的内涵解释权赋予了国际投资仲裁庭。同时，我国对 FET 的表述基本未采用列举清单的表述方式，全部采用抽象化表述方式。

我国 BIT 公平公正待遇排除税收的内容基本为：“本条第一款不应解释为缔约一方有义务将由下列原因产生的待遇、优惠或特权给予缔约另一方投资者：(一)任何现存或将来的关税同盟、自由贸易区、经济和货币联盟、区域经济合作或其他类似协定;(二)任何全部或主要与税收有关的国际协议或安排;(三)任何便利边境地区小规模投资的国际协议或安排。”我国 FET 对税收措施排除适用的范围基本仅限于国际条约。实际上,东道国税收措施罕见基于国际条约原因产生,而多基于本国经济需要产生。

(三)条约序言存在稳定性承诺

前文分析了公平公正待遇适用税收措施的常见之诉在于东道国税收措施的改变违反了 BIT 公平公正待遇。国际仲裁实践表明,东道国税收措施稳定性承诺的来源可能是条约序言中的稳定性承诺。这样的稳定性承诺将产生东道国税收措施的稳定性承诺。

中国-土耳其 BIT 序言中写道:“同意为了维持稳定的投资环境及最有效地利用经济资源,投资将受到公正与公平的待遇。”中国-日韩 BIT 序言中也写道:“愿为缔约一方的投资者在其他缔约方领土内的投资创造稳定、有利及透明的条件”等。我国 BIT 序言中也有稳定性承诺的内容,这会给中国税收措施在国际直接投资过程中的适用带来风险和隐患。

二、无差别待遇适用税收措施的现状与问题

(一)最惠国待遇排除税收措施

1. 排除税收措施的数量

截至 2019 年 11 月,中国对外缔结了 110 个生效的 BIT,其中 109 个 BIT 最惠国待遇标准均排除了我国国际税收条约或相关协定下的税收义务。这类条款第一种表述为:“本条款条文不应解释为缔约一方有义务将由下列原因产生的待遇、优惠或特权给予缔约另一方投资者:(一) 任何现存或将来的关税同盟、自由贸易区、经济和货币联盟、区域经济合作或其他类似协定;(二) 任何全部或主要与税收有关的国际协议或安排;(三) 任何便利边境地区小规模投资的国际协议或安排。”第二种表述为:“本条规定不适用于:(一)缔约另一方依照已有的或将来的关税同盟、自由贸易区、地区经济组织与税收有关的国际协定和国内立法而给予第三国国民

或公司的优惠。”仅有1990年签订的中国-土耳其BIT将最惠国待遇的排除表述为“本条第一款和第二款所述的待遇和保护不应解释为缔约一方有义务将因其为关税同盟、共同市场或自由贸易区成员产生的给予第三国国民或公司的特权给予缔约另一方的国民或公司。”中国-土耳其BIT中最惠国待遇排除税收措施未提及双边税收协定的做法实属罕见,其原因有待进一步研究。

2. 排除税收措施的内容

目前,我国缔结的BIT最惠国待遇条款采用上文第一种表述方式,这种方式仅仅排除了与税收相关的国际协议或者安排。上文第二种表述与第一种表述的不同之处在于将我国国内法税收措施也排除在最惠国待遇之外,在中国-挪威、中国-波兰、中国-英国、中国-西班牙、中国-冰岛、中国-塞浦路斯、中国-泰国、中国-斯里兰卡、中国-马来西亚、中国-阿联酋、中国-以色列、中国-印度等双边投资协定中明确将国内税收立法排除在最惠国待遇之外[①]。我国缔结的避免双重征税协定将最惠国待遇原则排除在外,以避免世界各国间因所得税差异而导致双重征税协定的双边效应变成多边效应,从而发生“搭便车”现象。在此情况下,我国BIT投资者属于国际税法中的跨国纳税人,为了避免与国际税法发生明显冲突,我国双边投资条约合理地将税收措施排除适用于最惠国待遇。因此,涉税争议是否违反国际投资协定中的最惠国待遇义务几乎不会被纳入国际仲裁庭的审查范围中。

(二)国民待遇标准排除税收措施

截至2019年11月,中国对外缔结了110个生效的BIT,其中30个BIT国民待遇标准均排除了我国国际税收条约或相关协定下的税收义务[②]。应当注意的是,我国与美洲国家所缔结的BIT国民待遇标准均没有排除对税收措施的适用。在我国BIT缔结实践中,国民待遇对税收措施的排除较少,国民待遇对税收措施的

①这类条款一般表述为:“本协定第三款所述的待遇不应解释为缔约一方有义务将由下列原因产生的任何待遇、优惠或特权给予缔约另一方投资者:(一)任何现有或未来的经济联盟、货币同盟或任何其他区域经济一体化组织;(二)任何全部或主要与税收有关的国际协议或安排,或任何全部或主要与税收有关的国内法律。”

②这类条款一般表述为:“本条第一、二款的规定不适用于缔约一方有义务将由下列原因产生的待遇、优惠或者特权给予缔约另一方投资者:(一)任何现存的或将来的关税同盟或其他该缔约方已成为或可能成为其乙方的类似国际协定;(二)任何全部或主要税收有关的事宜。”

适用较为普遍，具体情况见表 4－2。

表 4－2　中国 BIT 国民待遇与税收措施统计表

名称	区域	BIT 排除国家	缔约 BIT 总数/个	排除比例/%
国民待遇排除	欧洲	中国-德国、中国-法国、中国-芬兰、中国-荷兰、中国-英国、中国-瑞士、中国-保加利亚、中国-斯洛伐克、中国-葡萄牙、中国-西班牙、中国-塞尔维亚、中国-北马其顿、中国-马耳他、中国-波黑、中国-塞浦路斯（15 个）	35	42.86
	亚洲	中国-新加坡、中国-日本、中国-韩国、中国-沙特阿拉伯、中国-伊朗、中国-缅甸、中国-朝鲜、中国-印度、中国-日韩（9 个）	37	24.32
	大洋洲	中国-新西兰（1 个）	3	33.33
	非洲	中国-摩洛哥、中国-尼日利亚、中国-南非、中国-马达加斯加、中国-刚果（5 个）	20	25
	美洲	无	15	0

因此，我国 BIT 部分对国民待遇排除了税收措施，部分未对国民待遇排除税收措施，投资者可以援引最惠国待遇条款主张国民待遇原则，使现有 BIT 国民待遇排除变得没有意义[①]。也就是说，对于国民待遇排除税收措施的 BIT 国家，投资者仍旧可以根据最惠国待遇要求该东道国依照 BIT 国民待遇适用税收措施的标准提供国民待遇。

（三）征收对税收措施的适用

中国对外缔结的 BIT 均允许征收条款适用于税收措施，并没有将税收措施从征收条款中予以排除。但是，我国目前双边投资条约中税收措施涉及的征收问题如何更好地解决却缺乏有效的条款予以调整。该部分内容将在下一节予以充分讨论。

综上所述，我国 BIT 公平公正待遇对税收措施的适用规定较国际投资仲裁实践来看存在着较多的不足之处。公平公正待遇条款为适应税收措施的适用需

①蔡从燕. 国际投资条约实践中的税收措施问题[J]. 武大国际法评论，2010(2)：129－149.

要进行适当修订，而且这种修订较其他实体待遇标准而言是我国 BIT 修订的重中之重。

第二节 中国 BIT 争端解决机制适用税收措施的现状与问题

依照国际投资法的规定，缔约双方的 BIT 确认缔约双方无条件同意将投资者与东道国争端提交国际仲裁庭解决，但是缔约双方在 BIT 中确立该同意须满足《华盛顿公约》《解决投资争端国际中心附加便利规则》或《纽约公约》等条约的要求。投资者与东道国在国际仲裁争端解决程序中援引上述投资者所在国和东道国 BIT 约定的事实就意味着该类争议双方当事人持同意态度，因此 BIT 缔约国双方一旦将投资者与东道国的争议提交国际仲裁解决，争议提交范围就限定了国际仲裁庭的管辖权。争议范围也就决定了国际仲裁庭管辖权的大小。按照 BIT 一般规定，这类条款一般可以表述为“缔约一方与缔约另一方投资者之间任何有关征收补偿数额的争议可提交仲裁庭”“有关补偿款额的争议和双方同意的其他争议，可以提交国际仲裁庭”等。

一、完全排除税收措施适用的现状与问题

(一)条约现状

现行有效的 1985 年中国-泰国 BIT、1992 年中国-土库曼斯坦 BIT 均不包含缔约国一方国民、公司与投资东道国之间因投资所引起的争议解决方式，条约中仅约定了缔约双方的争议解决方式。这类条约模式是中国第一代(1982 年 3 月到 1993 年 1 月)BIT 争端解决范围模式[①]，它没有规定投资者与东道国之间的投资争端解决机制，仅规定了缔约国之间的争端解决机制。因此，该类条约实际完全排除了投资者-东道国之间涉税争议的仲裁解决方式，也就排除了国际仲裁庭对税收措施审查的管辖权。

①陈安. 对香港居民谢业深诉秘鲁政府案 ICSID 管辖权裁定的四项质疑[J]. 国际经济法学刊，2010，17(1)：15－54.

(二)完全排除税收措施适用

条约模式完全排除了投资者-东道国之间涉税争议的国际仲裁解决方式,将投资者-东道国之间涉税争议纳入国内法争端解决体制或双边税收条约争端机制中处理。虽然该模式维持了国内法管辖、双边税收条约与国际投资法就涉税争议的争端解决机制的平衡,但是这一模式也将国际投资法最为关注的税收与征收问题排除在国际救济方式之外,仅仅被纳入东道国国内法的救济途径中,这种模式对资本输入国而言,对其司法主权和税收主权都能很好地起到保护作用,但是对海外投资者的保护却显得苍白无力。

二、有限适用税收措施的现状与问题

(一)征收(与征收相关)的补偿额争议

1. 条约现状

截至 2019 年 11 月,中国对外缔结了 110 个生效的 BIT,其中 70 个 BIT 规定投资者-东道国之间因征收(与征收相关)的补偿额争议提交国际仲裁解决。这类协定主要集中在 1997 年之前签订并生效的 BIT。这类双边投资协定一般有几种不同的表述方式。例如,1992 年中国-乌克兰 BIT 规定:"缔约一方与缔约另一方投资者之间任何有关征收补偿数额的争议可提交仲裁庭。"1985 年中国-新加坡 BIT 规定:"第六条关于由征收、国有化或其效果相当于征收、国有化的其他措施发生的补偿款额的争议,可将争议提交由双方组成的国际仲裁庭。"这类条约模式是中国第二代(1993 年 2 月到 1998 年 6 月)BIT 争端解决范围模式①。

2. 税收措施适用范围争议

投资者与东道国之间关于征收(与征收相关)的补偿额争议可以提交国际仲裁解决,这是中国第二代 BIT 争议解决范围的模式。从国际投资协定中的税收措施看,征收对投资者而言是税收风险的最主要形式。国际投资法中的征收争端,可以

①陈安. 对香港居民谢业深诉秘鲁政府案 ICSID 管辖权裁定的四项质疑[J]. 国际经济法学刊,2010,17(1):15-54.

分为征收合法性与征收补偿款额两个问题。BIT 中“涉及征收补偿款额的争议”应当解释为仅仅涉及征收补偿款额的争议还是涉及征收补偿款额和征收是否发生、是否合法的争议呢？对此问题解释不一。

1)文义解释

学者们提出征收的合法性争议归东道国国内管辖，而涉及征收补偿款额的争议，当地主管法院或者国际仲裁庭都有权解决。因此，这类协定限定了仅就征收补偿金额争端提交国际仲裁，对于税收措施是否构成征收的合法性争议则并不属于国际投资仲裁范围，国际仲裁庭并不对税收措施本身进行审查。这类协定争端解决条款规定的模式将在理论上把税收措施引起的征收合法性争端仲裁解决方式予以排除，也就排除了国际仲裁庭对税收措施合法性的审查。因此，这类 BIT 争端条款中争端解决范围的处理方式在理论上排除了税收措施的适用，也就排除了国际仲裁庭对税收措施审查的管辖权。

这一解释方法一直以来未受到国际仲裁庭的认可，国际仲裁庭在扩大自身管辖权角度往往持有宽泛解释态度。但 2017 年黑龙江国际经济技术合作公司诉蒙古政府仲裁案的结论则完全不同，该仲裁庭在解释“涉及征收补偿款额的争议”范围时则采用了文义解释，仲裁庭认为鉴于蒙古政府仅同意将“涉及征收补偿款额的争议”提交仲裁，仲裁庭对本案无管辖权。仲裁庭认定本案无管辖权的理由是，中-蒙 BIT 仅允许将“涉及征收补偿款额的争议”提交仲裁，因此关于东道国是否实施了非法征收的争议只能由东道国国内法院审理，故驳回了中国投资者的全部仲裁请求。这一案件打破了国际仲裁庭一贯认为对中国第二代 BIT 中“与征收赔偿金额相关争议”应当进行扩大解释的做法。

2)扩大解释

扩大解释对该争议范围的解释认为这类有关投资者-东道国争议解决范围并没有排除税收措施的适用，国际仲裁庭可以针对此类 BIT 所约定的争端适用范围确立对税收措施合法性争端的仲裁管辖权，国际仲裁庭仍然可以依据投资者的仲裁申请确立对该类涉税争议的管辖权。以谢业深诉秘鲁政府仲裁案件为典型代表的仲裁庭扩大管辖权解释的方式，使得理论学者和实务人员都提出了对国际仲裁庭有关此类案件的管辖权质疑。1994 年中国-秘鲁 BIT 第八条第三款规定：“三、如涉及征收补偿款额的争议，在诉诸本条第一款的程序后六个月内仍未能解决，可应任何一方的要求,将争议提交根据一九六五年三月十八日在华盛顿签署的《关于解决国家和他国国民之间投资争端公约》设立的‘解决投资争端国际中心’进行仲裁。缔约一方的投资者和缔约另一方之间有关其他事项的争议,经双方同意,可提交该中心仲裁。如有关投资者诉诸了本条第二款所规定的程序,本款规定不应适用。”此条约明确强调了关于东道国税收措施是否构成征收或者国有化的合法性问题属于东道国法院的国内专属管辖,不能将该东道国法院的国内专属管辖的争端提交国际仲裁。投资者有权单方面依照缔约国条约提起国际投资仲裁的争端仅仅限于征收补偿款额的争议。谢业深提出秘鲁政府采取的税收措施构成征收行为并要求相关赔偿的仲裁申请被提交后,国际仲裁庭依照中国-秘鲁 BIT 争端解决条款于 2009 年 6 月 19 日做出管辖权裁定,确认国际仲裁庭对本案的管辖权。

上述两种解释方法在国际社会一度存在。从近期国际仲裁实践对待中国第二代 BIT 争议范围的解释态度来看,此类争议范围不能确立国际仲裁庭对税收措施引起的征收合法性的管辖权,而仅仅确立对税收措施引起的征收赔偿额的管辖权,税收措施是否引起征收仍然需要通过国内税法处理。针对这一问题,我们需要特别注意的是,按照近期国际仲裁庭的观点,涉税争议产生后需要将税收措施是否构成征收的争议提交国内法院,但是我国第二代 BIT 争端范围大部分确立了“岔路口条款”,投资者一旦将税收措施是否构成征收诉诸法院,将完全丧失随后将征收补偿款额争议诉诸仲裁的机会,涉税争议将彻底排除国际投资仲裁。

因此,随着我国国际仲裁实践的发展,中国第二代 BIT 争端解决范围模式实际可以将涉税争议仲裁解决排除在外,这有利于我国作为资本输入国缔结 BIT。但当中国企业在中国第二代 BIT 缔结国家的投资被东道国税收措施涉嫌征收时,除非东道国明确宣布其税收措施构成征收(在目前国际实践中,东道国不可能宣布税收措施构成征收),否则中国企业将很难通过国际仲裁向东道国政府进行索赔。国际投资协定涉税争议下的此类 BIT 争议范围改革势在必行。

(二)违反条约义务所引起的争议(包括赔偿争议)

1. 条约现状

这类有关争议解决的模式在中国对外缔结的 BIT 中数量较少,仅在 2002 年中国-特立尼达多巴哥 BIT 第十条第一款[①]、2007 年中国-韩国 BIT 第九条第一款[②]等协定中出现。这类协定在投资者与东道国争议解决条款中约定了投资者-东道国争端提交国际仲裁的范围。中国-特立尼达多巴哥 BIT 第十条第一款规定所约定的争议范围是违反条约义务的争议,2007 年中国-韩国 BIT 第九条第一款规定的争议范围是违反条约义务所引起的损失赔偿争议。

2. 税收措施的适用分析

投资者因东道国税收措施违反了国际投资双边条约所约定的公平公正待遇、最惠国待遇、国民待遇、征收、转移、汇兑等条款义务而提起国际仲裁请求,这些国际仲裁请求均属于条约所约定的争议解决范围,该类条款确立了国际仲裁庭对税收措施的审查管辖权。但是若本协定实体待遇义务排除税收措施的适用,那么东道国可以基于实体待遇条款对税收措施的排除提出管辖权异议。2002 年中国-特立尼达多巴哥 BIT 仅有第四条第五款[③]、2007 年中国-韩国 BIT 第三条第四款[④]规定了最惠国待遇关于国际税收条约义务的排除,并没有排除公平公正待遇、国民待遇、征收等条款义务的税收措施。缔约国之间在国际税收条约中就双方国内税收的相关实体内容和争端解决进行规定,BIT 对国际税收条约义务的排除实质上就是对国内税收措施的排除。因此,在该种模式中,即使一国投资者对东道国税收措施违反了缔约国 BIT 最惠国待遇义务提起国际仲裁审查,东道国仍可以基于最惠国待遇实体条款对税收措施的排除提起管辖权异议,但对于投资者对东道国税收措施违反了除最惠国待遇义务以外的其他义务提起国际仲裁请求则无法据此模式提出管辖权异议。

---

①2002 年中国-特立尼达多巴哥 BIT 第十条规定:一、在本协定内,"投资争议"是指缔约一方与缔约另一方投资者之间,涉及缔约一方在本协定中与缔约另一方投资者某项投资有关的义务的争议。

②2007 年中国-韩国 BIT 第九条第一款规定:一、基于本条目的,一项投资争议指缔约一方与缔约另一方的投资者之间的投资争议,缔约一方被指控由于对本协定的违反而对缔约另一方的投资者的投资造成或导致了损害和损失。

③2002 年中国-特立尼达多巴哥 BIT 第四条第五款规定:本条款项下所给予的待遇不适用于缔约任何一方基于避免双重征税协议或者其他有关税收的国际协议给予第三国投资者的优惠。

④2007 年中国-韩国 BIT 第三条第四款,本条第三款的规定不应解释为缔约一方有义务将由下列原因产生的待遇、优惠或特权给予缔约另一方投资者:(一)任何现存或将来的关税同盟、自由贸易区、经济联盟和任何由上述同盟或类似机构制定的国际协议;(二)任何全部或主要与税收有关的国际协议或安排;(三)任何便利边境地区小规模投资的安排。

三、全面适用税收措施的现状与问题

(一)条约现状

截至 2019 年 11 月，中国对外缔结了 110 个生效 BIT，其中 35 个 BIT 规定了“与条约有关的所有争端”提交国际仲裁解决，这是中国第三代(1998 年 7 月至今)BIT 模式。① 1998 年中国-巴巴多斯 BIT 第九条第一款②首次同意将条约的所有争端提交国际仲裁，此后中国对外缔结的 BIT 大部分沿用了第三代投资协定的争端解决范围模式。即使 1998 年以后签署的部分 BIT 在争端解决范围内仍然持保守态度，仅仅限定在“与征收赔偿金额有关的争议”，争端解决范围的扩大化已成为中国 BIT 争端解决范围的趋势。这类 BIT 条款模式虽然在争端解决范围呈扩大化趋势，但是这类条款几乎无一例外地被列入了行政复议等仲裁管辖的约束机制中，这种约束机制一般表述为“缔约一方仍可要求投资者在将争议提交国际仲裁前，用尽其国内行政复议程序”，或者“在中华人民共和国方面，有关的投资者只有在下列情况下才能将争议提交国际仲裁：投资者已经按照中华人民共和国的法律完成行政复议程序，但争议仍然存在……”也就是说，我国 BIT 在全面开放争端解决机制范围的同时对国际仲裁庭建立了相关的管辖权约束机制。因此，这类 BIT 争端条款中争端解决范围的处理方式在软性约束国际仲裁庭管辖权的前提下并未排除税收措施的适用，国际仲裁庭可以对东道国税收措施确立管辖权并实行审查。

(二)税收措施的“条约之诉”

1. 税收措施的全面适用

“与条约有关的所有争端”可以提交国际仲裁庭意味着国际仲裁庭管辖涉税投资争议的可行性。这类条约所约定的争端解决范围赋予了国际仲裁庭更宽泛的仲裁管辖权，也赋予了国际仲裁庭对东道国税收措施审查的管辖权。投资者有权依

---

①陈安. 对香港居民谢业深诉秘鲁政府案 ICSID 管辖权裁定的四项质疑[J]. 国际经济法学刊，2010，17(1)：15－54.

②1998 年中国-巴巴多斯 BIT 第九条第一款规定：“一、缔约一方的投资者与缔约另一方之间任何投资争议，应尽可能由投资者与缔约另一方友好协商解决。”

据BIT针对东道国税收措施提起BIT“条约之诉”。全面开放的争议范围加大了国际投资协定对税收措施的适用，这一适用提高了我国税收措施提交国际仲裁庭审查的可行性。全面开放的争议范围是基于吸引海外投资、发展市场经济以及我国“走出去”战略的需要，我国第三代BIT扩大提交国际仲裁的争端范围，具有时代必要性，这一点毋庸置疑。管辖权是税收措施提交国际仲裁庭审查的第一道关口，实体义务审查是国际仲裁庭审查税收措施的第二道关口，第一道关口的扩大意味着我国BIT需要更加科学地设置实体待遇义务和保护对税收措施适用的法律规范。

实际上，我国BIT在扩大国际仲裁争端范围的同时规定了详细的仲裁程序和仲裁约束性机制，这一机制是对国际仲裁适用税收措施的约束，即使缔约双方对涉税争议无法协商解决，投资者也可以向我国相关税收主管机关提起行政复议，税收复议机关复议后，若争议仍然存在，则投资者可以向国际仲裁庭提起涉税争议仲裁请求。我国行政复议制度作为这类条约限制国际仲裁庭管辖权的约束性机制，平衡了国际投资协定与国际税收双边条约的争端解决机制，税收相关争议管辖权仍由我国税收主管部门管辖，避免了国际投资者在争议发生时首先进行“条约选购”，从而规避国际税收双边协定争端解决机制。

2. 行政复议前置性程序的缺陷

我国BIT争端解决条款设立行政复议前置性程序排除国际仲裁庭审查我国税收措施的“安全阀”作用较小，约束力较弱，主要体现在以下几个方面。

1)行政复议缺乏实质约束力

我国对外缔结的BIT争端解决条款所约定的行政复议程序对涉税争议提起国际仲裁仅仅是程序上的前置。我国对外缔结的BIT一般将这类程序表述为“尽管有第二款的规定，缔约一方仍可要求投资者在将争议提交国际仲裁前，用尽其国内行政复议程序”，或者“投资者仅在下列情况下可以把争议提交仲裁：(一)投资者已经根据中国法律把争议提交行政复议程序”，无论条款中的“用尽”还是“应当”“必须”等，行政复议前置性程序仅仅限于程序性约束，只要求投资者按照程序规定进行。若复议结果未满足投资者自身利益要求，则涉税争议将继续存在并可以提交国际仲裁。所以这种行政复议前置性程序对涉税争议的国际仲裁庭确立管辖权来说缺乏实质性约束力。

2)行政复议缺乏否定权

我国对外缔结的BIT争端解决条款设置了行政复议程序,但是并未对我国行政复议机关对涉税争议税收措施审查的具体范围进行约定,对涉及我国税收主权的税收立法(税收合法性)、税收司法等问题也未赋予我国税务主管机关排他的专属管辖权。按照我国现行BIT规定,我国税务主管机关对涉税争议的焦点具有某一范围的唯一认定权。投资者和东道国就税收措施发生争议时,东道国为了避免税收措施的国际仲裁,一般采用协商解决,若协商仍无法解决,再提交仲裁。税务主管机关缺乏国际仲裁的阻却性权利或者否定性权利。因此,我国税务主管机关在投资者与东道国涉税投资争议中的主导权有待进一步强化。

第三节　完善中国BIT税收措施法律适用的基本思路

正确对待我国BIT中的税收措施,要对我国现行BIT中税收措施存在的缺陷进行完善,以更好地提升我国BIT税收措施的法律适用性。一方面,减少投资者针对我国税收措施提出投资者-东道国税收措施国家仲裁;另一方面,当我国投资者在海外投资过程中遇到东道国税收措施严重影响其海外利益时,我国BIT需要为投资者提供及时、有效的利益保护路径。本节针对我国现行BIT适用现状,提出了完善中国BIT税收措施法律适用的基本思路。中国BIT税收措施法律适用的完善需要立足中国BIT升级的国际现状,坚持国家税收主权的基本原则,通过改变实体待遇和保护条款内容、建立税收措施例外专门条款等路径实现。

一、立足中国BIT升级的国际现状

(一)坚持可持续发展的投资政策

中国现有的BIT属于"投资保护"型,重在保护已为东道国接受的投资[①]。

①单文华,伽拉赫,陈虹睿,等.和谐世界理念和中国BIT范本建设:一个"和谐BIT范本"建议案[J].国际经济法学刊,2010,17(1):40.

2012 年世界投资报告指出“新一代投资政策诞生”①。新一代投资政策将包容性增长和可持续发展置于吸引和利用外资的核心位置。我国 BIT 改革和升级需要以可持续发展为导向，寻求保持整体宽松的投资环境。正确处理两个方面的协调：一是进一步放松管制并促进投资；二是加强公共政策目标的监管。概括而言，则是在开放和监管之间寻求平衡。

可持续性发展投资政策需要税收措施在国际直接投资过程中坚持可持续发展目标。税收措施既具有吸引投资、促进投资的功能，又具有公共利益监管目的。税收措施一方面要最大化投资的积极作用，最小化负面作用；另一方面税收措施也要强化其监管作用，重视 BIT 税收措施发挥监管的功能。实际上，税收措施在可持续发展投资政策目标下发挥的最大化投资作用是容易实现的，也较少引起争议。税收措施在可持续发展投资政策目标下要强化其监管功能则容易引发争议，这是主权国家税收政策所面临的挑战。

因此，可持续发展的投资政策强化了国际投资过程中的税收主权，我国 BIT 必须重视并留足税收措施的管制空间，这需要在序言条款、具体条款内容中体现。投资者-东道国国际仲裁机制需要对税收措施适用的约束性机制进行完善。

(二)坚持“投资大国”与“引资大国”的双重身份

如前文所述，中国第一代 BIT、中国第二代 BIT、中国第三代 BIT 都立足于中国作为资本输入大国的国际背景。随着全球化的发展，国际投资格局发生了重大变化，中国在国际投资中的地位也在悄然地发生变化。随着中国“走出去”战略的实施，中国参与国际投资的规模逐渐变大。据统计②，2014 年中国对外直接投资额突破千亿美元，2015 年中国对外直接投资存量超过万亿美元。中国实现了由资本输入国到资本输出国的转变，对中国而言，这是一个重要的风向标。近几年中国积极参与同美国、欧盟的双边投资协定的谈判工作。自 2000 年实施“走出去”战略以来，中国参与国际经济合作的规模逐年增大，程度逐年加深。中国逐步成为既是“投资东道国”，又是“投资者母国”的“双料大国”③。

①联合国贸易和发展组织. 世界投资报告 2012：迈向新一代投资政策[M]. 北京：经济管理出版社，2012：112.
②2019 年 11 月 26 日，中国商务部官网。
③王光，卢进勇. 中国双边投资协定：历史演进与发展趋势[J]. 国际经济合作，2019(2)：54－61.

基于"投资大国"与"引资大国"的双重身份，我国国际投资协定也面临着调整与升级，以适应这一新的投资身份，这是对中国 BIT 实践的重要挑战。一方面，作为吸引外资的东道国，中国需要对接国际投资标准以提高吸引外资的水平，侧重关注国家利益；另一方面，作为对外直接投资的母国，中国双边投资协定中的投资保护标准加大了对中国企业海外投资利益的保护。有一种观点认为，中国与发达国家之间的 BIT 应当采用传统的"防御性"立场，与资本输入国家之间的 BIT 应采用"投资自由性"立场。这种提法似乎很有吸引力，但在处理 BIT 税收措施的法律适用上行不通。根据《北美自由贸易协定》，申请人提起的针对美、加等资本输出国的国际仲裁案，均是把这些传统的资本输出国推到了被诉方的地位。

国际投资协定中处理税收措施的威胁来自涉税争议的仲裁解决，国际仲裁庭对税收措施的审查严重抑制了东道国的税收政策空间。这种监管空间的抑制可能会影响东道国制定、修改、废除本国的税收法律制度。这是否意味着只有那些为了增加外国投资而签署 BIT 的资本输入国才关注国际投资协定中的税收主权呢？显然不是，国际投资协定中的投资者-东道国国际仲裁争端解决机制存在对税收主权的威胁应该引起所有主权国家的关注。"投资大国"与"引资大国"的双重身份需要我国充分尊重国家税收主权。只有当世界上所有国家都尊重其他国家的主权并努力保护自己和其他国家主权时，它才有可能持续，尊重国家主权是国家法的基本原则。因此，我国作为一个负责任的世界大国，尊重世界各国主权是我们应有的态度，在 BIT 签订中不应采用单一资本输出国或东道国立场处理税收措施的法律适用。尊重 BIT 中的税收主权是我国处理 BIT 税收措施的基本立场。

（三）中国新生代 BIT 规则的初步建立

中国双重身份的变化促进了中国新生代 BIT 的产生。2012 年，中国与加拿大签订的 BIT 涵盖了现代国际投资协定中所涉及的所有重要内容和核心要素。2014 年生效的中国-加拿大 BIT 从结构到内容，已完全不同于前期中国已经签订并生效的双边投资协定，这标志着中国第四代 BIT 的开始[①]。中美 BIT 谈判

①王光，卢进勇. 中国双边投资协定：历史演进与发展趋势[J]. 国际经济合作，2019(2)：54-61.

启动意味着我国需要转变传统的BIT模式，简单的BIT条款已经不能适应国际投资实践。如本书第一章所提及，笔者研究发现美式BIT所强化的税收主权立场比其他国家的BIT所强化的税收主权立场更加坚定，美国从BIT计划启动之初就已经开始关注BIT中的税收处理并一直致力于通过BIT专门税收条款处理美式BIT中的税收措施。

因此，完善中国BIT税收措施的法律适用需要以全球可持续发展投资政策为导向，以中国“投资大国”与“引资大国”的双重身份、以尊重税收主权的立场为基础，充分考虑缔约双方的投资状况，科学研究和处理BIT税收措施的法律适用问题，促进投资者和东道国经济利益双赢。

二、坚持税收主权优先基本原则

税收主权是国家主权的主要内容。税收具有特殊性，税收是国家机器运转的重要物质因素。税收主权的特殊性使其与贸易主权、投资主权相区分，并且在国际投资协定中得以优待[①]。

税收是一种财产占有，但这种财产占有也要求具有合法性。同样，国际投资领域中的税收不合理征收等现象也会减少跨国资金流动。“税收法治”已成为世界公认的税法基本原则，在此背景下，国际投资协定需要赋予投资者在政治上和程序上更为中立的国际仲裁争端解决方式，“税收法治”似乎也不能游离于国际投资协定。

（一）正确处理BIT与国际税收条约的关系

当今，世界各国在国际投资领域都在关注如何改进新协定以及如何促进现有协定向现代化的方向发展。这一改革的最后一步（第三阶段）促进了国家投资政策和其他国际法机构制定的条约之间的协调。协调并非意味着在法律层面的统一——不一致和分歧可能是有意为之，但不同的政策和法律文件应当协同运作[②]。

税收是国家主权的内容，主权国家独立行使国家主权是国际法的原则。东道国应当独立处理主权范围内的税收事宜，不要在国际社会滥用自身税收主权。中

---

①刘永伟.税收主权与税收专约的解释依据[J].中国社会科学，2013(6)：129－145.

②联合国贸易和发展组织.世界投资报告2018：投资及新产业政策[M].冼国明，葛顺奇，译.天津：南开大学出版社，2018：4.

国签署BIT应在国际投资协定与国际税收协定之间努力保护条约签署双方的税收主权，坚持促进不同政策和法律文件中的“税收”协同运作，避免就“税收”产生条约冲突。国际税收条约作为主权国家制定的专门处理国家税收权益的条约体系，具有优先适用的序位。

因此，中国在对外缔结的BIT中应当明确约定BIT与国际税收条约的关系，坚持国际税收条约优先，应规定：“如果本协定的规定与任何此类协定出现不一致，在不一致的范围内则应以该税收协定为准。”

(二)强化我国税收主管机关在涉税争议中的主导权

1. 强化税收措施的行政复议前置程序

投资者对东道国税收措施产生怀疑时，东道国税务主管机关应作为处理该税收措施事宜的第一主体参与。建立涉税争议的行政复议前置程序，就是要求投资者必须将税收措施首先提交东道国税务主管机关，依照国内法或者国际税务协定规定的争议处理程序进行处理，这样可以有效保证缔约国税务主管机关掌控“税收”的解释权，并将涉税争议尽可能在东道国政府层面进行处理和解决，有利于与国际税收协定中的协商解决程序相衔接，有利于维护主权国家税收主权，防止投资者随意地将涉税争议提交国际仲裁，甚至出现滥用国家仲裁机制的现象。

我国BIT行政复议前置程序应当增设行政复议的合理期限，这一缓冲期给税务主管机关以合理的时间来处理税收措施、提供解决方案，以尽可能化解争议。

2. 建立“税收否决”机制

税收主权是国际经济主权的重要内容，税收主权允许国家强制征税增加财政收入。为什么国际投资协定允许涉税争议进行国际仲裁，又要尽可能地阻却涉税争议的国际仲裁呢？这都是基于税收主权原则。任何国家化的仲裁争议都有可能产生国家财政费用，这一财政后果以及对主权的威胁在功能上类似于征税权的丧失。在国际投资协定中，一般国家都会同意将投资者与国家之间引起的投资争议提交仲裁解决，即使这样的投资争议会涉及国家重要利益，包括自然资源和国家的经济部门利益或者税收主权。这些年来，发展中国家投资争议提交仲裁解决的现象经常发生。实践证明，与东道国国内法争议解决方式相比，政治上和程序上更加中立的国际仲裁争议解决方式是当前的国际社会趋势。国际投资协定允许涉税争议的国际仲裁是现代国际商法的基础。国际投资协定不能否定涉税争议的国际仲裁,但是可以通过建立一些限制管辖权的机制来实现。中国对外缔结BIT可以借鉴NAFTA规则设立“税收否决”机制否定“税收措施”涉税争议提交国际仲裁这一方式,也就是说国际投资协定可以规定东道国和投资者的税收主管当局共同解决。

1)“税收否决”机制适用范围

“税收否决”机制可以设定在税收措施与征收这一争议范围中。我国对外缔结的BIT争议解决范围主要分为两类:一类是“缔约一方与缔约另一方投资者之间任何有关征收补偿数额的争议”;另一类是“与条约有关的所有争议”。“与条约有关的所有争议”范围远远大于“征收补偿数额的争议”,在我国缔结的BIT中“税收措施引起的征收补偿数额”这一涉税争议可以适用“税收否决”机制。我国与缔约国相关的税收主管部门首先要划分正常和非正常的税收(即合法和不合法征税),提交国际仲裁的争议只能是不合法的涉税争议。也就是说,当税收主管当局一致认为这不是征收(即正常税收)时,国际仲裁是不能对税收主权发起挑战的;只有当税收主管当局未能一致认为这样的措施不是征收时,国际仲裁方式才能适用。

如上所述,中国第二代BIT有近70个,基本将争议范围确定为“征收赔偿额所引起的相关争议”并提交国际仲裁。在我国当前110个现行有效的BIT中,48个属于“一带一路”国家。也就是说,中国第二代BIT面临的一个现状是,“一带一路”投资政策需要我国BIT为投资者提供投资保护,这种保护当然包括投资者利用国际仲裁在海外寻求投资保护的机制。然而,中国第二代BIT在国际仲裁庭的文义管辖权解释实践面前,面临的现实困境就是中国投资者可能会遇到利用中国第二代BIT提起税收措施的征收赔偿请求被国际仲裁庭否认管辖权的情况。此时中国企业将很难通过国际仲裁向东道国政府进行索赔。但是东道国不可能宣布税收措施构成征收,若我国投资者或者我国税收主管部门认为东道国税收措施构成征收时,东道国一般会否决其征收行为。在此情况下,设立“税收否决”机制可以有效避免我国投资者涉税争议救济无效的后果,并仍可以通过国际仲裁解决争议。

2)“税收否决”机制的内容

该争议要阻止国际仲裁,原则要求双方税收主管当局一致同意“税收措施”不是征收。例如:一个他国投资者向中国税收措施提起投资仲裁,如果都一致认为这不是征收,此时投资者不可以利用仲裁方式解决该争端;相反,如果起诉东道国违反了条约的其他义务,则各国税收主管当局不再具有否决权。如果投资者因东道国通过"税收措施"进行征收而提起投资仲裁,当事国的税收主管部门有权否决投资者进行仲裁的权利。投资者在将东道国诉诸仲裁之前,应当将该"税收措施"提交相关的税收主管部门。"税收否决"的作用在于防止投资者利用、滥用国际仲裁直接诉权和强化东道国税收主管机关的主导权。

三、我国 BIT 税收措施法律适用的路径选择

(一)采用一般例外专款模式

1. 设立"税收措施"专门条款

国际投资协定处理税收措施的态度需要采用专款方式进行,不宜在国际投资协定中分散,要在不同的条款中单独处理,保证条款之间的严谨性。同时,国际投资协定中的税收措施例外条款需要采用规范、严谨的条款术语和关键字。从上述几章分析可以看出,国际投资协定中应当排除的规范用语是"税收措施",而并非"税收""税收事项"等用语。"税收措施"的含义要在国际投资协定中有明确定义,其定义为:"包括任何与税收相关的法律、法规、规定、程序、决定、要求、行政行为或实践。"

2. 采用"一般例外模式"

目前我国 BIT 基本采用了"一般肯定模式"①。所谓"一般肯定模式"是指我国对外缔结的 BIT 对税收措施在国际投资协定中适用的态度是原则适用,例外不适用。也就是说,如果中国对外缔结的 BIT 条款没有将税收措施排除,那么该条款就可以适用于税收措施;相反,我国 BIT 可以采用"一般例外模式",原则上 BIT 不适用于税收措施,包括国民待遇、最惠国待遇等,采用负面清单模式具体列举税收措施的适用范围。

①蔡从燕.国际投资条约实践中的税收措施问题[J].武大国际法评论,2010(2):129-149.

(二)改革 FET 条款内容

从现有的国家需要承担责任的仲裁裁决看，仲裁庭最常见的是国家违反公平公正待遇条款①。通过本书第三章分析可以得知，投资者通过 FET 针对税收措施提起索赔的胜诉率要高于间接征收的胜诉率。就我国 BIT 公平公正待遇条款的适用现状来看，可以从以下几个方面进行完善。

1. 修订部分 BIT 序言

在笔者看来，中国-土耳其 BIT、中国-日韩 BIT 的序言应该及时予以修订。从当前国家投资仲裁实践裁决来看，这两个 BIT 的序言部分可以解释为中国做出了法律稳定性框架的承诺。中国-土耳其 BIT、中国-日韩 BIT 的公平公正待遇内涵中包含了法律稳定性要素。序言部分的内容应当引起我国税收相关部门的高度重视，中国税收措施对土耳其企业、日韩企业可能承担稳定性义务。因此，中国税收措施对这三国企业进行适用时，需要注意把控相关的政策风险。

2. 明确 FET 的详细清单

FET 内容的抽象性加大了 FET 条款的仲裁可能性，也带来了投资者要求东道国承担 FET 责任的无边界性。这一条款如同无限制的承诺引起外国投资者的诉讼。因此，我国可以采用具体详尽的义务清单模式取代我国现行 BIT 中宽泛、模糊、抽象的 FET 条款。这些具体详尽的义务清单可以通过总结国际投资仲裁实践明确，包括但不限于以明显专制的方式对待投资者、司法或者行政诉讼不公平、违反透明度等内容。同时，FET 需要特别澄清公平公正待遇不妨碍国家采取追求合法政策目标的监管措施，也就是说需要将税收措施纳入公平公正待遇的特殊对待或者例外排除，留足税收措施公平公正待遇的政策空间。

3. 明确 FET 中的投资者合理期待

投资者的合理期待是 FET 中涉及投资者保护争议的焦点，我国 BIT 可以借鉴

①联合国贸易和发展组织. 世界投资报告 2019：特殊经济区[M]. 冼国民，葛顺奇，译. 天津：南开大学出版社，2019：121.

2017年《〈内地与香港关于建立更紧密经贸关系的安排〉货物投资协议》中关于公平公正待遇的规定：通过降低公平公正待遇条款中投资者合理期待的影响，明确采取或者未能采取与投资者期待不符的行动本身不构成对公平公正待遇的违反[①]。

(三)分类设立BIT税收措施例外条款

我国现行有效的BIT为110个，现行有效的DTA为97个。从平衡和协调BIT与DTA的角度来看，我国BIT设立税收措施例外条款应当采用分类标准。应当将我国BIT分为已与我国缔结DTA国家和未与我国缔结DTA国家两类，在分类标准下，去设立BIT税收措施例外条款。

1. 已缔结有效DTA国家

在我国现行有效的110个BIT缔结国中，84个国家同时与我国签订了DTA。对于这84个国家BIT中的税收措施处理的法律问题，需要充分考虑现有DTA的有关规定。二者之间的相互协调主要体现在：一是当BIT和DTA不一致时，以税收协定优先，这一点需要在BIT中予以明确；二是建议将BIT中税收措施中的“税收”认定权依照DTA相关规定进行处理，将税收主导权置于DTA相关程序并统一处理。

2. 未缔结有效DTA国家

在我国现行有效的110个BIT缔结国中，尚有26个国家未与我国缔结DTA。对于这类国家BIT税收措施的处理要注意以下几点：

第一，不能设立当BIT和DTA不一致时以税收协定为优先条款，因为这类条款的设立实际没有任何意义，同时为以后DTA条款的设置留下隐患。

第二，这类BIT涉税争议的国际仲裁建议采用完全排除方式将涉税争议的国际仲裁停留在政府协商层面或缔约国国家争议解决机制中。目前没有签署DTA的BIT国家可能不愿意与我国签署DTA。DTA的签署通常是在经济谈判力量相对平等的两个国家之间达成的，条约双方都可以从中获益。相比之下，大多数BIT

①第四条规定：“四、为进一步明确，一方采取或未采取某一行为且可能与投资者的期待不符，仅这一事实不构成对本条的违反，无论涵盖投资是否因此受到了损失或损害。”

是在不平等的条件下签署的，一方可能是长期处于东道国的角色，另一方可能是长期处于受条约保护的投资者角色。一旦这类 BIT 投资者-东道国国家仲裁机制适用于税收措施，就极有可能直接为投资者敞开了一条处理税收措施的路径，这种便捷的路径为以后 DTA 谈判增加了难度。

结　语

现阶段处于国际投资规则重构之际，"国际税收和投资政策协调一致"是世界国际投资协定改革的重要议题。要使国际投资协定的实体义务和争端解决机制与国际税收协定的实体义务和争端解决机制相协调，就需要厘清国际投资协定与国际税收协定中有关税收种类、税收待遇和争端解决机制的区别，这有助于避免条约冲突和实现条约间的最大协同效应。本书通过论证分析，得出如下结论。

1. 国际投资协定仲裁实践对税收的认定采用了一般法律的税收概念，而并非宪法意义上的税收概念。国际仲裁庭对税收合法性的审查采用标准形式，却运用一般法律标准。国际投资协定中的税收种类应摒弃国际投资实践中的限制性解释方法，国际投资协定中的税收种类应包括直接税和间接税。

2. 在国际投资实践中，主权国家基于税收主权的考虑，在国际投资协定中对税收措施的适用可以分为以下三种模式：①全部适用，这种模式是指税收措施全部涵盖在国际投资协定中进行适用；②普遍排除，这种模式毫无保留地排除税收措施在国际投资协定中的适用，国际投资协定中的任何条款不得适用于东道国税收措施；③有限适用，这种模式是指国际投资协定中的投资待遇、投资保护和争议解决条款部分适用于税收措施，而并非全部适用于税收措施。在有限适用模式中，各国际投资协定通过附属型或者专款型条款限定实体待遇义务和争端解决机制对税收措施的具体适用。

3. 国际投资协定中的公平公正待遇应尽量排除税收措施的适用。原因在于公平公正待遇内容的抽象性以及国际投资协定中的独有国家义务使得公平公正待遇存在较大的可诉性。结合国际仲裁实践看，税收措施对公平公正待遇的违反主要包括违反稳定性原则、正当程序原则和透明度原则，BIT 国民待遇义务应排除税收措施的适用。原因在于税收措施可能产生 BIT 国民待遇义务和 DTA 非歧视待遇义务的冲突。国际投资仲裁庭对税收措施构成间接征收持谨慎态度，税收措施构成间接征收的风险小于税收措施违反公平公正待遇义务的风险。投资者-东道国国际仲裁庭对税收措施的适用将对国家税收主权产生重要影响,并可能异化出一条投资者寻求涉税争议解决路径的新通道。

4. 较之于无差别待遇、征收条款,中国 BIT 公平公正待遇对税收措施的适用存在较多法律问题,诸如:公平公正待遇排除税收措施适用的数量较少,公平公正待遇条款表述过于简单,条约序言中存在税收法律的稳定性承诺等,这需要对中国 BIT 公平公正待遇条款进行适当修正以适应税收措施的法律适用;中国第二代 BIT 国际投资仲裁争端解决机制不利于我国海外投资者就东道国税收措施提起国际仲裁,需要引入相关机制进行调整;中国第三代 BIT 中的国际投资仲裁争端解决机制就涉税争议管辖权而言,需要排除税收措施的适用或者建立相应的国际仲裁庭管辖权约束机制。因此,我国 BIT 税收措施法律适用的完善需要立足中国 BIT 升级发展的国际现状,坚持国家税收主权基本原则,通过建立税收措施例外专门条款、改变实体待遇和保护条款内容等路径实现。

参考文献

[1] 崔晓静. 中国参与全球税收治理法律问题研究[M]. 北京:中国社会科学出版社,2020.

[2] 余鹏峰. 全球税收治理:国际税法范式的革新[M]. 北京:法律出版社,2023.

[3] 崔晓静,孙奕. 国际投资仲裁:国际税收争议解决的新路径?[J]. 华侨大学学报(哲学社会科学版),2022(4).

[4] 郑林,陈延忠. 国际税收争议的投资仲裁解决进路及对税收仲裁的启示:英国凯恩公司诉印度案分析[J]. 国际经济法学刊,2022(3).

[5] 张智勇. 全球反税基侵蚀规则:多边共识下的税收单边主义[J]. 国际税收,2022(10).

[6] 朱炎生. 双支柱方案:现行国际税收体系的自然延伸[J]. 税务研究,2022(3).

[7] 郑少华. 论中国自贸试验区法治的性质[J]. 东方法学,2023(5).

[8] 郭月梅,厉晓. 构建中国化时代化"人民税收观"[J]. 税务研究,2023(2).